Johann Siebmacher

J. Siebmachers großes und allgemeines Wappenbuch

Johann Siebmacher

J. Siebmachers großes und allgemeines Wappenbuch

ISBN/EAN: 9783743444393

Hergestellt in Europa, USA, Kanada, Australien, Japan

Cover: Foto ©Andreas Hilbeck / pixelio.de

Manufactured and distributed by brebook publishing software
(www.brebook.com)

Johann Siebmacher

J. Siebmachers großes und allgemeines Wappenbuch

Grosses und allgemeines

WAPPENBUCH

Bauer & Raspe in Nürnberg

J. SIEBMACHER'S

grosses und allgemeines

WAPPENBUCH

in einer neuen, vollständig geordneten

reich vermehrten Auflage

mit heraldischen und historisch-genealogischen Erläuterungen.

SECHSTEN BANDES SIEBENTE ABTHEILUNG.

Der abgestorbene Nassauische Adel.

bearbeitet von dem von Friese, K. K. Oberst und Commandeur des Nian

B. von Goersinzky,

und

A. von Buchraner Brennstein.

VERLAG VON BAUER UND RASPE.

Abgestorbener
Nassauischer Adel.

Verlag von Bauer & Raspe.
Nürnberg, 1882.

Vorwort.

Indem ich das „Wappenbuch des abgestorbenen nassauischen Adels" der Oeffentlichkeit übergebe, fühle ich mich vor allem gedrungen, des Mannes zu gedenken, dem wir diese Publikation zu verdanken haben.

August Carl Wilhelm, Freiherr von Grass

geb. am 5. März 1819, gestorben am 26. März 1880 zu Wiesbaden als Königl. Preussischer Ober-forstmeister und Herzoglich Nassauischer Kammerherr, unsern Lesern bekannt durch sein Wappenbuch des Badischen Adels, hatte während dreier Decennien ein umfangreiches Material für die Geschichte des nassauischen Adels gesammelt, aus dem zunächst Hefner für die Wappen des lebenden Adels in Nassau so bedeutend schöpfte, dass mit Fug und Recht jenes Buch als zum grössten Theil das Werk des Herrn von Grass bezeichnet werden konnte. Die vielen ihm zugänglichen gedruckten Quellen mögen den Grund zu dieser Sammlung gelegt haben, welche dann namentlich aus den Archiven zu Idstein (jetzt zu Wiesbaden) Coblenz, Marburg, Darmstadt u. s. ergänzt wurde und auch auf den vielen Dienstreisen des thätigen Forstmannes durch den stets forschenden Heraldiker manche Bereicherung erfuhr[1]. Das auf den abgestorbenen Adel Bezug habende Material legte Herr von Grass in zwei grossen Foliobänden, jeder zu 400 Blatt, alphabetisch geordnet nieder und gelangte zu Anfang des Jahres 1880 zu einem gewissen Abschluss, so dass er mit der Publikation glaubte beginnen zu können. Hierzu bestimmte er zunächst die Wappen des Hohen Adels und hatte diese bereits so weit geordnet, dass er am Geburtstag S. M. des Kaisers (22. März) mich ersuchte, diese Sammlung noch einmal mit ihm durchzugehen. Diese sollte nicht sein. Ein Schlaganfall raffte ihn auf einem Spaziergange am Charfreitag (26. März) plötzlich dahin.

Das Vertrauen, welches ihr sel. Gemahl mir schenkte, sowie das Interesse, welches ich an seiner Sammlung nahm, bestimmte die Wittwe, mich mit der Publikation seines Nachlasses zu betrauen. Gerne entsprach ich dem Wunsche. Meine Arbeit war leichter als seine, und nicht mir, ihm gebührt die Ehre, ein solches Werk zu Stande gebracht, seinem Neffen, Herrn von Bierbrauer-Brennstein dasselbe in seinem Geiste illustrirt zu haben.

Zum Buche selber übergehend, so bedarf der Titel, so einfach er klingt, doch einer gewissen Erläuterung. Was haben wir unter abgestorbenem, was unter nassauischem Adel zu verstehen? Letztere Frage zuerst beantwortend, erinnere ich daran, dass das 1866 dem Königreich Preussen einverleibte Herzogthum Nassau eine aus den Ereignissen zu Anfang dieses Jahrhunderts hervorgegangene, erst im Jahre 1816 vollendete Schöpfung war.

Die Fürsten von Nassau-Usingen und Nassau-Weilburg, welche für ihre an Frankreich abgetretenen linksrheinische Besitzungen durch den Reichsdeputations-hauptschluss vom 25. Februar 1803 auf dem rechten Rheinufer entschädigt waren und in Folge ihres Beitritts zum Rheinbund 1806 weitere Besitzungen erlangt hatten, vereinigten ihre Länder zu einem, zunächst gemeinsam regierten Herzogthum Nassau, welches nach dem Aussterben der Usingenschen Linie 1816 in den alleinigen Besitz der Weilburgschen Linie gelangte. Dasselbe umfasste nunmehr, nachdem

---

[1] Leider hat sich in seinem Nachlass kein hier zur Mittheilung geeignetes Quellenverzeichniss gefunden.

auch die Jahre 1814 und 1815 noch Gebietsveränderungen gebracht hatten, auf einem Gebiete von 86 Quadrat-Meilen ausser den Nassau-Usingen und Weilburgschen Stammlanden, Bestandtheile von Nassau-Oranien, von den Churfürstenthümern Mainz und Trier, von Churpfalz, Hessen-Darmstadt, Cassel und Homburg, von Isenburg und Wied, sowie die Abteien Arnstein, Marienstatt und Schönau, die Grafschaft Holzappel-Schaumburg, die Herrschaften Reifenberg, Cransberg, Westerburg und Schadeck, die reichsunmittelbaren Dörfer Soden und Sulzbach und eine Anzahl reichsritterschaftlicher Besitzungen.

Diejenigen adeligen Geschlechter nun, welche, seitdem Familiennamen vorkommen, also seit etwa 1200 auf diesen Territorien, aus denen das Herzogthum Nassau von 1816 bis 1866 bestand, ansässig oder mit irgend welchem Leben begabt waren, sind im vorliegenden Wappenbuch unter dem Collectivnamen „Nassauischer Adel" zusammengefasst. Die Bezeichnung „abgestorben" bezieht sich im allgemeinen auf das Erlöschen des ganzen Geschlechts, nur ausnahmsweise auf das Ausgehen der in Nassau begüterten Linie.

Die Zahl der hier als erloschen aufgeführten Geschlechter erscheint gross und dennoch erreicht sie keineswegs die Wirklichkeit, denn in den Gras'schen Collectaneen findet sich noch eine nicht unerhebliche Anzahl hierhin gehöriger Familien, die nur deswegen keine Aufnahme finden konnten, weil ihr Wappen nicht zu ermitteln war.

In Bezug auf meine Bearbeitung des Gras'schen Nachlasses sei bemerkt, dass dieselbe durchaus auf diesem basirt und nur nach zwei Richtungen davon unbedeutend abweicht. Zunächst habe ich nämlich geglaubt diejenigen von Herrn von Gras aufgenommenen hessischen Geschlechter, welche zwar Vasallen der Fürsten von Nassau, auf den Territorien des Herzogthums aber nicht ansässig waren, als nicht hierhin gehörig die Aufnahme versagen zu müssen, und sodann schien es mir angezeigt, auch geringe Unterschiede in den Wappen bildlich zum Ausdruck zu bringen. Letzteres hauptsächlich aus dem Grunde, weil diese Unterschiede meistens aus „Beizeichen" bestehend, für die sonst in Deutschland so wenig zur Geltung gekommene „Beizeichen-Theorie" einen nicht zu unterschätzenden Werth besitzen.

Wenn ich auch bei den meisten Artikeln noch manches Werk zu Rathe zog, so habe ich doch nur bei wenigen die vorhandenen Collectaneen ergänzen können. Dass ich aber hier und da im Stande war, Nachträge zu machen, verdanke ich der grossen Liebenswürdigkeit vieler Herren Staatsarchivare und Archivbeamte. Namentlich ist ich Herrn Staatsarchivar Dr. Sauer, welcher trotz der während dieser Zeit bewerkstelligten Verlegung des Königl. Staatsarchivs von Idstein nach Wiesbaden mir ohne Unterbrechung hilfreich zur Seite stand, zum grössten Dank verpflichtet.

Der Text wird vielleicht hier und da, namentlich in biographischer und genealogischer Hinsicht etwas dürftig erscheinen. Wer sich aber jemals mit derartigen Arbeiten befasst hat, wird dem Sammler daraus keinen Vorwurf machen, hier um so weniger, als die nassauischen Besitzungen der betreffenden Familien umfangreich und auf Grund der besten vorhandenen Quellen mit grösstmöglichster Sicherheit angegeben werden konnten. Bei jeder Besitzung ist (— A . . . . —) dasjenige der 28 Aemter des Herzogthums bezeichnet, in welchem dieselbe lag.

Mit Rücksicht auf die beim Hohen Adel mehrfach erwähnte Gauverfassung bemerke ich noch, dass das Herzogthum Nassau namentlich den Niederlahngau, den Einrich, den Rheingau, und den Gau Kunigessuntra umfasste. Diesem reiheten sich im Norden, Osten und Süd-Osten Theile des Engers- Aval- Erdehe- Haiger- Nidda-Gau sowie die Wetterau an.

Wiesbaden, Januar 1882.

v. Goeckingk.

I. Hoher-Adel.

Arberg Taf. 1)

Die Herren von Arberg oder Arenberg besassen ihre Stammgüter in der Eifel und das Burggrafenamt zu Cöln. Ihr Stammvater Franco wird als burgicomes coloniensis 1129 erwähnt. Als Letzter des Geschlechts starb Johann vor 1287, die Grafschaft Arenberg seiner Tochter Mechtildis hinterlassend durch welche sie an deren Gemahl Engelbert Sohn des Grafen Eberhard III. von der Mark fiel. Ihr jüngerer Sohn Eberhard wurde der Stifter einer zweiten nicht hierhin gehörigen Linie Arenberg. Die ältere Linie erwarb im Nassauischen die Herrschaft Kirburg. A. Hachenburg, — welche ursprünglich den Herren von Freusburg gehörte. Adelhaid oder Molsberg, Wittwe eines Herrn von Freusburg brachte dieselbe ihrem zweiten Gemahl Eberhard von Arberg — † nach 1229. — Beide bestimmten die Herrschaft im Jahre 1215 zur Stiftung des Klosters Marienstatt, welches aber bald darauf. — 1221 — an die Nister an den vom Grafen Heinrich von Saye gestifteten Ort verlegt wurde. Von hier ab hat zwischen den Grafen von Arberg und dem Kloster keine Beziehung mehr bestanden.

Wappen. In rothem Schilde drei gelbe Rosen mit blauen Butzen.

Ein bestimmter Helmschmuck hatte sich bis zum Erlöschen wohl noch nicht gebildet; ich finde entweder

Pfauenwedel, oder ein rother Schirmbrett belegt mit den drei Rosen und besteckt mit Pfauenfedern, oder auch einen Hut mit den drei Rosen und darüber vier Pfauenfedern. Decken: Roth-Gelb.

Arenfels (Taf. 1).

Gerlach, des Grafen Heinrichs II. von Isenburg — † 1290 — und seiner ersten Gemahlin N. N. von Arenfels Sohn, erbte die Herrschaft Arenfels — bei Hönningen am Rhein gelegen. Er nannte sich nicht nur von derselben, sondern nahm auch statt des väterlichen Wappens das seiner Mutter an. Sein Enkel Gerlach hinterliess als er 1373 diese Linie im Mannesstamm beschloss, zwei Töchter, von denen Elisabeth mit dem Grafen Wilhelm I von Wied und Adelheid mit dem Grafen Salentin IV. von Isenburg vermählt war. Die beiden Schwäger theilten 1376 die Arenfelsischen Besitzungen, zu denen im Nassauischen die Herrlichkeit Ransbach mit den ihrern Ransbach, Barbenbach, Heyde Etzbausen, Niederbeide, Wittgert, Albach, Grenzhausen, Hundsdorf. Hesse — A. Selters und Hilgerod — A. Langen-Schwalbach — gehörten.

Wappen: In rothem Schild ein weisser Adler, der sich auf dem Helme wiederholt Decken: Roth-Weiss.

Rembold I Graf von Isenburg heir N. N. Gräfin von Arnstein. 1092—1137.					Meffried Graf von Wied I. 1073—1129		
						Burghard † 1156	
	Gerlach I. 1146		Sigfried † 1152 heir. Justine von Kempenich Kempenich.	Rembold II. † 1162		Dietrich † 1190	
Gerlach II. 1158 — 1217 Covern.	Heinrich I. Herr in Limburg und Cleeberg heir. Irmgard Gräfin von Cleeberg. 1179 — 1220			Bruno I heir. † 1199	Theodora Erbin von ⅓ Wied	Lothar † 1250	Tochter Erbin von ⅓ Wied heir Gottfried v. Eppstein.
	Heinrich II. † 1290 heir. N. N. von Arenfels	Gerlach † 1289. Limburg.		Bruno II. † 1255 Wied II	Dietrich † 1258 Nieder-Isenburg.		
	Gerlach † 1308 Arenfels	Ludwig † 1302 Grensau-Cleeberg.					

Arnstein (Taf. 1).

Der Grafen von Arnstein Ursprung lässt sich mit einiger Gewissheit auf einen Grafen Hugo zurückführen, welcher um 978 das Geografenamt im Einrich verwaltete; ihm folgten Wigger 1042 und Arnold welcher in dem zweiten Viertel des 11. Jahrhunderts die Burg Arnstein (Arnoldstein) am Dörsbach, nicht weit vom Einfluss desselben in die Lahn, erbaute. Er wird als Arnold von Arnstein 1052 zum letztenmale erwähnt und starb vor 1061. Sein Sohn Ludwig I. hinterliess ausser sieben Töchtern einen Sohn Ludwig II., welcher 1112 starb und in seiner Ehe mit Udilhild von Udlakirchia Odenkirchen wieder einen Sohn den berühmt gewordenen Ludwig III. zeugte. Dieser gründete nach einem unsteren Leben 1139 in seinem Schlosse Arnstein ein Kloster, dessen Abt er wurde, während seine Gemahlin Guda von Pommenburg sich in einer nahen Klause niederliess. Er starb als der Letzte seines Geschlechts am 29. October 1185 zu Gommersheim und wurde am 2. November in Arnstein beerdigt.

Ausser der Gaugrafenwürde im Einrich finden wir bei den letzten Häuptern dieses Geschlechts auch die Gerichtsbarkeit über Coblenz, St. Goar, Ober-Wesel. Bopart in dem gegenüber dem Einrich an der linken Rheinseite gelegenen Gau Trechire. Durch die oben erwähnten sieben Schwestern, welche alle vermählt waren, fielen diese reichen Besitzungen direct oder indirect an Nassau, Isenburg, Limburg, Catzenelnbogen, Dietz etc. Nur die Herrschaft Caub scheint schon durch Ludwigs I. Schwester Adelind um die Mitte des 11. Jahrh. an die Grafen von Nöring gekommen zu sein.

Wappen: Ein Siegel der Grafen ist nicht mehr aufzufinden gewesen; indessen befindet sich im Archiv zu Wiesbaden auf dem Schreira, in welchem die „Vita Ludovici, comitis et fundatoris in Arnstein" aufbewahrt wird, unter dem nunmehr verwischten und abgeriebenen Bildnisse des Stifters sein Wappen, allerdings erst in späterer Zeit, etwa gegen Ende des 15. Jahrh. gemalt und daher, obwohl auch die Abtei Arnstein dasselbe etwa um die Mitte des 17. Jahrh. adoptirte, keineswegs zweifellos richtig. Dasselbe zeigt in einem schwarzen mit grünen Sternen bestreuten Schilde einen roth gekrönten und bewehrten gelben Löwen. Ueber die Richtigkeit der Farben, namentlich der grünen Sterne kann kein Zweifel obwalten, höchstens könnte der Schild dunkelblau sein.

Bickenbach (Taf. 1).

Die Herren von Bickenbach waren an der Bergstrasse am Abhange des Melibocus ansässig. Ihr Stammvater Conrad wird 1130 erwähnt. Sie sterben gegen Ende des 15. Jahrh. aus.

In Nassau waren sie von 1179 bis 1331 vom Kloster Bleidenstadt mit einem Hof in Niederwalluf — A. Eltville — belehnt. In Weilbach, Massenheim und Wicker — A. Hochheim — besassen sie Zehnden und Güter, die sie 1312 ihren Lehnsherrn, dem Erzbischof Peter von Mainz verkauften.

Wappen: In rothem Schilde zwei schrägrechts gestellte Reihen weisser Rauten.

Helm: ursprünglich Schirmbrett; später zwischen rothem Flug ein weisses sitzendes Pferd (nach Gehrenberg: Hund).

Decken: Roth-Weiss.

Bolanden (Taf. 1).

Die Herren von Bolanden hatten ihren gleichnamigen Stammsitz am Donnersberg. Ihr Stammvater Werner von Bolanden wird 1129 urkundlich erwähnt. Von den beiden Söhnen seines Enkels Werner III. gründete am 1220 Philipp die Linie der Herren von Falkenstein,

während Werner IV. den Namen Bolanden fortpflanzte. Dieselbe ging, nachdem der Stamm mit Conrad im Jahre 1396 erloschen war, durch dessen Cousine Kunigunde an die Herren von Sponheim über.

Diese ältere Linie, welche das Reichserbtruchsess-Amt bekleidete, besass in Nassau kein geschlossenes Territorium, wohl aber viele zerstreut gelegene Besitzungen im Niddagau, Einrich und Rheingau, welche einen ansehnlichen Complex ausmachten. Den Erwerb dieser rechtsrheinischen Besitzungen führt man auf eine angebliche Vermählung Werners II. mit einer Tochter des Grafen Gerhard von Nöring zurück. Indess ist weder diese Vermählung noch diese Erbschaft nachgewiesen. Vergleiche die Stammtafel auf Seite 3.

Wappen: Im gelben Schilde ein rothes Rad, welches wohl nicht als Beizeichen sondern zur decorativen Ausfüllung des langen Dreieckschildes — 1225 von ein-r Lilie im Schildesfuss begleitet ist.

Als Helmschmuck erscheint 1258 das Rad nach aussen mit Nägeln oder Bolzen besteckt, 1270 ein halbes Rad nach aussen mit dreieckförmigen Figuren besteckt und 1347 eine einem Bischofsstab ähnliche Figur, oder auch ein mit dem Rad belegtes Schirmbrett.

Helmdecken: Roth-Gelb.

Brandenburg (Taf. 2).

Brandenburg liegt in der Eifel im Grossherzogthum Luxemburg. Die Herren von Brandenburg sollen eines Stammes mit ihren Nachbarn, den Grafen von Vianden sein. Urkundlich erscheinen sie im Anfang des 13. Jahrh. Sie gehören zu den Rittern, welche Erzbischof Dietrich von Trier im Jahre 1235 zum Schutze der neu gebauten Burg in Montabaur unter Anweisung ansehnlicher Lehen als Burgmannschaft warb. Sie theilten sich um die Mitte des 14. Jahrh in zwei Linien, von denen die eine, welche um 1700 erlosch, nicht hierhin gehört. Die andere Linie stiftete Hermann von Brandenburg. Er erwarb durch seine Gemahlin Agnes Brenner von Lahnstein Besitzungen zu Oberlahnstein. A. Braubach, in welche sich seine beiden Söhne Johann und Friedrich um 1400 theilten. Während die von Johann gestiftete Linie zu Meisenburg schon mit seinem Sohne Godart ausstarb, erlosch die seines Bruders erst mit dem Jenniten Johann, der 1630 zu Luxemburg starb.

Wappen: In Roth ein weisses Schildchen. Dies ist das Stammwappen, welches allem Anscheine nach nur das jeweilige Haupt der Familie ohne Beizeichen führte, während die jüngeren Linien und die jüngeren Söhne der Hauptlinie verschiedene Beizeichen annahmen. So führte z. B. Dietrich 1302–1305 im rechten Obereck einen Stern, ein anderer Dietrich 1316 einen Schrägbalken über dem Schildchen. Gottfried Archidiacon, später Chorbischof von Trier – 1388 bis 1351 – belegte das Schild mit Kreuzchen, sein Bruder Johann 1348 mit Hermelinschwänzchen, während beide Vetter Hermann 1340 bis 1348 im rechten Obereck eine Muschel, ein anderer Herrmann 1372 eine gelbe (?) Lilie führte.

Helmschmuck: Zwei schwebende Hände, rechts roth, links blau.

Helmdecken: Roth-Weiss.

Die uns vorzugsweise interessirende Linie zu Oberlahnstein führte den Schild ohne Beizeichen, als Helmschmuck aber einen rothen Hut mit weisser Aufschlag und mit Pfauenwedel geschmückt. Dieses Wappen zierte die Linie zu Meisenburg mit dem Wappen der Herren von Clairvaux: von gelb und roth getheilt, auf der Theilungslinie drei schwarze Krähen.

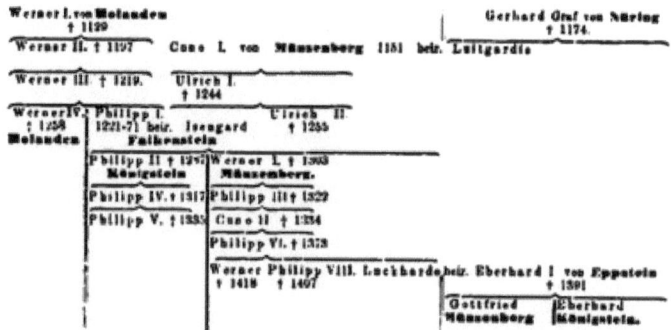

Werner I. von Molnden † 1139				Gerhard Graf von Nüring † 1174.
Werner II. † 1197	Cuno I. von Münzenberg 1151 bezw. Luitgardis			
Werner III. † 1219.	Ulrich I. † 1244			
Werner IV. † 1258 Molnden	Philipp I. 1221-71 bezw. Isengard Falkenstein		Ulrich II. † 1255	
	Philipp II. † 1297 Königstein	Werner I. † 1303 Münzenberg.		
	Philipp IV. † 1317	Philipp III. † 1322		
	Philipp V. † 1335	Cuno II. † 1334		
		Philipp VI. † 1373		
		Werner Philipp VIII. Luckhard bezw. Eberhard I. von Eppstein † 1418 † 1407 † 1391		
			Gottfried Münzenberg	Eberhard Königstein.

Braunsberg (Taf. 3).

Das rheinländische Geschlecht der Herren von Braunsberg, welche in frühester Zeit als Burgmannen der Grafen von Isenburg-Braunsberg und als deren Ministerialen vorkommen, wird trotzdem in der Regel zum Herrenstande gerechnet. Es wird zuerst 1248 erwähnt, doch beginnt die ununterbrochene Stammreihe erst mit Johann um 1319. Ein hervorragender Mann aus diesem Geschlecht war Conrad, der als Ordensmeister der Johanniter-Ritter in Deutschland in der Geschichte des Niederrheins eine bedeutende Rolle spielte. Er starb 1390 zu Cöln nach 50 jähriger Regierung. Sein Neffe, der Marschall Wilhelm von Braunsberg erwarb durch seine Gemahlin Gertrud von Breil (s. d.) ein Viertel der Güter dieses bei Andernach ansässigen Geschlechts. Die Herren von Braunsberg nannten sich seitdem auch Herren zu Burgbrohl. Sie erloschen 1625 mit dem jung gestorbenen Diether.

Sie waren Trier'sche Burgmänner zu Hartenfels — A. Selters — und zu Montabaur, lange Zeit Untervögte zu Limburg, Kirchen-Patrone zu Niederahbamnar und hier sowohl wie auch in der Grafschaft Diez ansäsig

Wappen: In rothem Schilde drei weisse Rauten, welche die jüngeren Söhne mit Beizeichen vermehrten; so führt Eberhard 1372 zwischen der 1. und 2. Raute einen Stern, Dietrich 1382 im Schildeshaupt einen Turnierkragen.

Helm: Dietrich führte 1348 einen gekrönten nachrechts sehenden Adler. Später erscheint zwischen zwei rothen mit den Rauten belegten Hörnern eine schreitende Bracke oder auch ein sitzender weisser Windspiel mit rothem Halsband.

Decken: Roth-Weiss.

Seit Erwerbung der Burg Brohl viertelten sie ihr Stammwappen mit dem Broil'schen (s. d.).

Catzenelnbogen (Taf. 3).

Die Grafen von Catzenelnbogen waren im südwestlichen Winkel des Niederlahngaues an der Grenze des Einrich oberhalb Arnstein am Dörsbach ansässig. Sie scheinen in diesen Gegenden, wo ihre jetzt ganz zerstörte Burg, von der sie seit 1102 den Namen führen, um 1100 erbaut sein mag, einheimisch gewesen zu sein. Ihr Ahnherr war ein Lehen der Abtei Kleidenstadt im Königsaundragau, seit 1140, nachdem der letzte Graf von Arnstein (s. d.) das weltliche Regiment aufgegeben

hatte, führen sie von jener ihrem Stammsitze den Grafentitel, weil sie nunmehr über ihre im Einrich gelegenen Güter die gräflichen Rechte erlangten. Gegen Ende des 12. Jahrhunderts erwarben sie ebenfalls aus der Arnsteinschen Erbschaft und ein Lehen der Abtei Prüm die Vogtei über St. Goar. Ihr Gesammtbesitz zerfiel in die obere Grafschaft, welche bis auf einen geringen Theil ausserhalb der nassauischen Grenzen im oberen Rheingau lag, und in die niedere Grafschaft mit dem Stammschloss.

Die Grafen theilten sich 1245 in zwei Linien, und zwar stiftete Diether III. die Linie Alt-Catzenelbogen und sein Bruder Eberhard die Linie Neu-Catzenelnbogen. Erstere erlosch mit Eberhard 1402. Seine Tochter Anna brachte seine Besitzungen an Johann III. von Neu-Catzenelnbogen. Beider Sohn Philipp häufte 1458 ein Viertel der Grafschaft Diez und hoschloss den ganzen Stamm 1479 Die Grafschaft Sal seinem Tochtermann, dem Landgrafen Heinrich von Hessen-Marburg zu.

Wappen: Im gelben Schilde ein rother Leopard, und zwar auf Siegeln stets angekrönt, nach andern älteren Quellen vielfach mit blauer Krone. Eine jüngere Linie zu Lichtenberg führte in der ersten Hälfte des 14. Jahrh. den Leoparden mit einem 5 lätzigen blauen Turnierkragen belegt.

Helm: Zu Anfang des 14. Jahrh. ein Schirmbrett mit dem Leoparden, seit der Mitte desselben Jahrh. ein schwarzer Flug, belegt mit gelber runder Scheibe, in welcher der rothe Leopard.

Decken: Roth und Gelb.

Gräuenberg malt zwei Helme; rechts: weisser Flug belegt mit der Catzenelnbogener Scheibe, links schwarzer Flug, belegt mit einer leeren weissen Scheibe, vielleicht Helm von Diez? Decken: Rechts: Roth weiss; links: Schwarz-weiss.

Covern (Taf. 3).

Die Herren von Covern sind Isenbergsches Stammmes (Siehe die Stammtafel Seite 1. Gerlach's I. Grafen von Isenburg Sohn, Gerlach II. erscheint unter diesem einer Herrschaft an der unteren Mosel entlehnten Namen seit der Mitte des 12. Jahrh. Ob sein Vater diese Herrschaft bereits besessen, oder ob Gerlach II. dieselbe erheirathet habe, ist ungewiss. Ebensowenig ist bisher nachgewiesen, ob Heinrich, welcher diese Linie

1290 beschloss, ein Sohn oder Enkel Gerlachs II. war.

Sie hatten wohl auch an der Isenburg-Arnsteinschen Erbschaft ihren Antheil, doch erscheinen sie in dieser Gegend nur einmal, nämlich 1235 gelegentlich einer Schenkung an das Kloster Wülfersberg, dem Heinrich von Covern seinen Hof Kutscheid — A. Selters — widmete.

Wappen: In weissem Schild ein rother Adler.

Cransberg (Taf. 3).

Die Burg und Herrschaft Cransberg, von der sich dieses Geschlecht schrieb, lag im Amt Usingen. Die Geschichte dieser in Urkunden nur als Zeugen vorkommenden Herren ist kurz. Der erste bekannte ist Hermann, Kämmerer von Cranichesberg im Jahre 1231. Seine Nachkommen führen meist den Vornamen Erwin. Der erste dieses Namens erscheint 1249 als Burggraf in Friedberg. Ein zweiter 1287 bis 1297 erwähnter Erwin kürzt seinen Geschlechtsnamen in Cranich und Cranch ab. Erwin III. hatte, da er 1302 Güter an das Kloster Arnsberg abtrat und 1310 mit Einwilligung des Kaisers Heinrich die Herrschaft Gransberg sammt der hohen Obrigkeit und allem Zubehör an Philipp von Falkenstein verkaufte, dem Anscheine nach keine Kinder und dürfte bald nachher als Letzer seines Geschlechtes gestorben sein.

Wappen: Es liegt nur ein Siegel des ersten Erwin vor, der im Schilde einen Vogel (Kranich) führte.

Cronberg (Taf. 4).

An den südlichen Abhängen des Taunus oberhalb der Stadt Frankfurt lag die Herrschaft Cronberg. Die Inhaber nannten sich Anfangs von Eschborn, später von Cronberg. Ihr Stammvater Wigand von Askeburne wird 1192 erwähnt. Um 1219 theilten sie sich in den Kronenstamm und Flügelstamm und nannten sich seit 1230 resp. 1254 von Cronberg nach der neuerbauten Burg dieses Namens.

Der Flügelstamm, aus dem Ulrich, Vicedom des Rheingaus, das Mainzer Erbtruchsess-Amt erworben hatte, erlosch am 8. October 1617 mit Johann Eberhard von Cronberg.

Der Kronenstamm zeugte jenen Helden der Reformation und Freund Luthers, Hartmuth, welcher wegen seiner Theilnahme an der Sickingenschen Fehde gegen Trier 1522 seine Herrschaft Cronberg verlor, die ihm Hessen erst 1541 zurück gab. Er wurde der Stammvater dreier Linien, von denen die ältere mit dem Vicedom von Aschaffenburg Hartmuth 1608 erlosch. Die jüngere Linie aus der Johann Schweickard, der von 1604—1626 Kurfürst und Erzbischof von Mainz war, hervorging, wurde am 25. April 1618 in der Person des Adam Philipp in den Freiherrnstand und am 20. August 1630 in den Grafenstand erhoben. Gleichzeitig mit der Herrschaft Hohen-Geroldseck in der Ortenau belehnt, erwarb er Sitz und Stimme auf der schwäbischen Grafenbank. Da diese Linie schon mit seinem Sohne Craft Adolph Otto 1692 erlosch, so fiel die ganze Herrschaft an die mittlere Linie, deren letztes Glied Johanns Nicolaus am 17. Juli 1704 den ganzen Stamm beschloss.

Ausser ihrem Stammsitz im Amt Königstein besassen die Herren von Cronberg im Herzogthum Nassau namentlich auch die Grafschaft Nüring als nassauisches Lehngut.

Wappen: Der Schild ist quadirt von Roth und Veh und zwar ist letzteres — blau in weiss — auf den ältesten Siegeln wolkenförmig, auf den späteren aber eisenhutartig in zwei oder mehreren Reihen dargestellt.

Diesen Schild führten ursprünglich beide Linien, später aber unterschieden sie sich dadurch, dass der Flügelstamm die Eisenhütlein im 1. und 4. Felde, der Kronenstamm dieselben im 2. und 3. Felde führte und Letzterer im 1. seltener auch im 4. Felde eine gelbe Krone hinzufügte.

Helmschmuck: 1. **Flügelstamm:** Zwei Flügel, entweder Roth belegt mit einem Balken von blau-weissem Veh, oder gewöhnlich wie der Schild gezeichnet. Eine Seitenlinie, der "Johannesstamm", führte von 1370—1460 auf dem gekrönten Helm zwei weisse Eselsohren.

2. **Kronenstamm:** Ein schwarzer Federbusch, der ursprünglich in Gestalt einer Tanne später aber auf dem gekrönten Helm bergähnlich erscheint. Das freiherrliche Wappen von 1618 zeigt den Schild des Kronenstammes und zwei Helme, beide gekrönt, rechts den Federbusch des Kronenstammes, links den Flug des Flügelstammes, dessen Abtheilungen gewechselt sind. Decken: Rechts: Roth-Weiss; links: Blau-weiss. Das gräfliche Wappen von 1630 hat einen quadirten Schild: I. und IV. Rother Balken in Gelb (Geroldseck), II. und III. getheilt, II. oben die Krone, unten die Eisenhütlein, III. umgekehrt. Mittelschild in Gelbe in schwarzer Doppel-Adler, kaiserliches Gnadenzeichen. Helme wie auf dem freiherrlichen Wappen. Dieses Wappen kommt aber auch folgendermassen vor: Geviert, I. und IV. die Krone, II. und III. die Eisenhütlein. Mittelschild: der Adler. Dazu vier Helme: I. die Ohren, 2 der Federbusch, 3 der Flug, 4 ein Jünglingsrumpf. Farben unbekannt. (Vermuthlich Geroldseck, dann fehlen aber die Hörner, welche der Jüngling in diesem Wappen statt der Arme führt.)

Dietz (Taf. 5).

Die Grafen von Dietz, welche im Jahre 1073 unter dem Namen von Diedene auftreten, besassen die Landeshoheit über den grösseren Theil der Niederlahngau sowohl im Westerwald wie an der Lahn und als Erben der Grafen von Nüring seit Ende des 12. Jahrh. auch in der Wetterau — (Weilnau, Ulrstein). — Man hat ihre Abstammung auf die Salischen Konradiner, die in denselben Gegenden ansässig waren, zurückführen wollen. Indessen ist diese, wenn auch nicht unwahrscheinlich, so doch keineswegs geschichtlich nachweisbar. Dasselbe gilt in Bezug auf ihre angebliche Stammesgemeinschaft mit Sayn. Die Grafen von Dietz, von denen sich zu Anfang des 13. Jahrh. die Grafen von Weilnau — s. d. — abzweigten, erloschen mit Gerhard VII. im Jahre 1388. Wappen im rothen Schilde zwei übereinander schreitende gelbe Leoparden. Graf Gerhard führte als Gegensiegel 1250 einen zehnmal getheilten Schild.

Helm: Auf Gottfrieds Siegel 1303 und 1346 ist der Helm mit Bolzen fächerartig bestreut. Später erscheint aber als erblicher Helmschmuck ein schwarzer Flug belegt mit rother runder Scheibe, in welcher die beiden Leoparden.

Helmdecken: Roth-Gelb.

Eberstein (Taf. 5).

Die Grafen von Eberstein in Schwaben führen ihren Stammbaum zurück auf Eberhard, der als Graf von Eberstein gegen Ende des 12. Jahrhunderts auftritt. Seine Söhne Eberhard IV. und Otto I. stifteten die Linien Alt-Eberstein, welche gegen Ende des 13. Jahrhunderts erlosch, und Neu-Eberstein, welche Graf Casimir im Jahre 1660 beschloss.

In Nassau besassen die Götter und Zehnten zu Weilbach, Wicker und Massenheim — A. Hochheim — und verkauften diese 1312 an den Erzbischof Peter von Mainz.

Wappen: im weissen Schilde eine rothe Rose
mit blauem Butzen.

Helm: Weisser Mannsrumpf mit rother Rose auf der
Stirne, die sich auf der weissen Bischofsmütze mit rothen
Bändern wiederholt.

Helmdecken: Roth-Weiss.

So ist das Stammwappen. Später erscheinen zwei
Helme; rechts der oben beschriebene, links zwischen zwei
weissen mit gelben Lindenzweigen bestreckten Hörnern
die rothe Rose, und seit 1586 ein getiertes Schild: I und
IV. das Stammwappen, II. und III. in Gelb ein auf
grünem Boden schreitender schwarzer Eber. Die beiden Helme gekrönt, wie oben beschrieben, jedoch umgekehrt.

Eppstein (Taf. 5).

Die Herren von Eppstein führen ihren Ursprung
auf den Grafen Udalrich von Eitechenstein (Idstein)
zurück, der um 1120 lebte und auch von Eppenstein
benannt wird. Seine Tochter und Erbin Udilhild, deren
Gemahl aber nicht namentlich bekannt ist, hinterliess
einen Sohn Rüdiger, in dem wir den Stammvater des
jüngeren Eppensteiner Hauses erblicken, und der
wahrscheinlich der Vater Gottfrieds II. ist, welcher urkundlich von 1172 - 1192 als Herr von Eppstein vorkommt. Sein Sohn Gottfried II. erbte durch seine Gemahlin die halbe Grafschaft Wied, welche sein Urenkel
Sigfried 1306 an Virneburg verkaufte. Um diese Zeit
besetzte Eppstein den Stuhl von Mainz mit vier Erz-
bischöfen, welche mit zweimaliger kurzer Unterbrechung
ein Jahrhundert regierten. (1200–1305). Eben genannten Sigfrieds Urenkel Eberhard I. erheirathete durch
seine Gemahlin Luckharde von Falkenstein die
Herrschaft Königstein. Seine Söhne stifteten 1433 die
beiden Linien zu Münzenberg und zu Königstein.
(Siehe die Stammtafel Seite 3.) Der ältere zu Münzenberg Gottfried VII. erwarb durch seine Vermählung
mit Jutta von Nassau die Hälfte der Grafschaft Dietz,
von der indess sein Sohn Gottfried IX. wiederum die
Hälfte 1453 an Catzenelnbogen verkaufte, während die
andere Hälfte, als Gottfried X. diese Linie 1522
beschloss, mit der Hälfte von Eppstein an die Linie zu
Königstein fiel. Die andere Hälfte von Eppstein
hatte Gottfried X. 1492 an Hessen verkauft.

Die Linie zu Königstein, welche Gottfrieds VIII.
Bruder, Eberhard II. stiftete, nannte sich vorzugsweise von der Grafschaft Königstein, woher wohl
die Vermuthung, dass Eberhard IV. in den Grafenstand erhoben worden sei. Dieser beschloss das Geschlecht der Herren von Eppstein im Jahre 1535.

Ihre Stammgüter lagen im Niddagau und Königs-
sondragau, die Burg Eppstein selbst auf deren Grenzen am
Zusammenfluss der Kriftel und des Fischbachs.

Wappen: Von weiss und roth fünf oder sechsmal
gesparrt. In den älteren Siegeln ist der obere Sparren
stets abgestumpft, so dass der mittlere fast oder ganz
bis an den oberen Schildesrand reicht.

Helm: Auf einem Hut ein Köcher mit Federn (?).
Helmdecken: Roth-Weiss.

Nach ihrer Erbfolge in Münzenberg und Königstein
vierten die Herren von Eppstein ihren Schild: I. IV.
Eppstein. II. III Münzenberg, und nahmen für Königs-
stein als Herzschild je einen schwarzen Löwen an.
Später vermehrten sie den Herzschild, indem sie demselben spaltetten, und vorne Königstein, hinten Dietz führten.

Hierzu nahmen sie als Helm den Falkensteiner Hut,
der jetzt auch nach mit Stulp von Hermelin vorkommt,
mit dem Pfauenwedel. Decken, Schwarz Gelb (Königs-
stein).

Das für Königstein angenommene Wappen scheint
ein zu diesem Behufe erfundenes zu sein, da es Grafen

VI. 7.

oder Herren von Königstein bis dahin nie gab und die
Niederadeligen dieses Namens (s. d.) ein anderes Wappen
führten.

Eysenburg (Taf. 5).

Das Stammhaus dieses Geschlechts war die in der
Nähe von Aachen liegende Burg Eysenburg. Dasselbe wird zuerst gegen Ende des 13. Jahrhunderts erwähnt. Die fortlaufende Stammreihe beginnt mit Gerhard Herrn zu Eysenburg, der im Anfang des 14. Jahrhunderts lebte. Sein Enkel Gerhard erheirathete gegen
Ende des 14. Jahrhunderts durch seine Gemahlin Jutta
von Landscron die an der Ahr gelegene Herrschaft
dieses Namens. Er und seine Nachfolger nannten sich
nunmehr Herren zu Eysenburg und Landscron. Als
Letzter derselben erscheint Conrad im Jahre 1511.

Im Nassauischen erwarben sie durch Heirath 1412
die Burg Holzenfels — A. Nastätten — und er-
schrieben später auch als Ganerben zu Langenau —
A. Nassau. —

Wappen: Das Stammwappen zeigt in rothem Felde
einen gelben Schrägbalken, oben und unten begleitet von
je drei gelben Rauten. Um 1400 wurde dieser Schild
gevirtet mit Landscron: in Roth eine gelbe Königs-
krone.

Helm: sechs schwarze Hahnenfedern.
Decken: Roth-Gelb.

Falkenstein (Taf. 5).

Die Herren von Falkenstein sind eine Seitenlinie
der Herren von Bolanden. (Siehe die Stammtafel auf
Seite 3.) Philipp I. ein Sohn Werners III. von Bolanden nannte sich seit ungefähr 1220 von seiner Burg
Falkenstein am Donnersberg. Durch seine Vermählung
mit Isengard von Münzenberg erbte er die Besitzungen dieses 1255 erloschenen Geschlechts. Seine
Nachkommen nahmen mehrfach Theilungen vor, welche
sich jedoch nur auf die Hoheitsrechte erstreckten, während
das Land selbst Gesammt-Eigenthum des ganzen Hauses
blieb. So stifteten Philipp's Söhne zwei Hauptlinien
zu Königstein und zu Münzenberg, erstere erloch
1255 mit Philipp V., letztere 1418 mit Erzbischof
Werner von Trier, dessen Schwester Luckharde
Königstein an Eppstein brachte, während Münzenberg
an Solms, Isenburg und Virneburg fiel.

Wappen: Das Stammwappen der Herren von Falkenstein war im blauen Schilde ein weisses Rad. Dieser Schild kommt zwar nach der Münzenberger Fehschaft
gevirtet mit dem Münzenberger roth und gelb getheilten
Schild vor, jedoch siegelten die Herren seitdem lodig-
lich dem Münzenberger Schild, zu dem als Helmschmuck 1302 ein gelber Hut mit rothem Aufschlag
erscheint, der bald darauf mit einem Pfauenwedel geschmückt ist oder auch mit vier Münzenberger Fähnlein,
zwischen denen die weisses Häudchen sitzt. Aehnlich kommt
der Helmschmuck noch vor auf dem oben genannten
gevirteten Wappen, wo dann aber das rechte Fähnlein
das Falkensteiner Rad trägt.

Freusburg (Taf. 6).

Die Herren von Freusburg waren in der Nähe von
Siegen ansässig. Die Geschichte ihres Geschlechts ist
sehr kurz, da dasselbe in den letzten Jahren des 12. Jahrhunderts bereits ausgestorben war. Die Herrschaft Freusburg fiel an Sayn. Der Freusburgsche Besitz in Nassau, das Gericht Kirberg — Amt Hachenberg — kam durch
Adelheid von Molsberg, die Wittwe des letzten
Herrn von Freusburg, an deren zweiten Gemahl Eberhard von Arberg s. d.)

Wappen: im schwarzen Felde ein mit drei schwarzen Eberköpfen belegter weisser Schrägbalken.

2

Greifenstein (Taf. 6).

Die seit 1280 den Grafen jetzt Fürsten Solms gehörige Herrschaft Greifenstein im Kreise Wetzlar war das Stammgut der Herren von Greifenstein, welche seit Anfang des 13. Jahrh. als Landesherren erscheinen. Als Letzter dieses Namens wird Robert im Jahre 1408 erwähnt und scheint mit ihm sein Geschlecht erloschen zu sein. Dasselbe hatte bedeutende Besitzungen im Colenberger Cent — A. Hachenburg — und im Kirchspiel Driedorf — A. Herborn —, sowie Lehen und Zehnten in verschiedenen nassauischen Ortschaften.

Wappen: Die ältesten Siegel der Herren von Greifenstein und die ihrer Nachbarn und vermuthlichen Stammesgenossen von Lichtenstein zeigen einen Schildbeschlag, der als Eichenblätter blasonirt werden und als solcher in das Solmsche Wappen übergegangen ist. Die gewöhnliche Abbildung (Nr. 7) entspricht aber nicht den alten Siegel von 1255, dieses zeigt vielmehr deutlich vier Beschläge Nr. 8) resp. ein Kreuz. Später, zu Anfang des 14. Jahrh. weshalb ist nur unbekannt, nahmen die Herren von Greifenstein ein anderes Wappen an, nämlich in einem mit Lilien bestreutem Felde drei schrägrechts gestellte Rauten (Nr. 9). Vergl. den Artikel Lichtenstein.

Helfenstein (Taf. 6 u. 7).

Die Stammburg der am Rhein und an der Mosel begüterten Herren zu Helfenstein stand an der Stelle des jetzigen Forts Helfenstein unter dem Ehrenbreitstein oblens gegenüber am rechten Rheinufer. Sie waren Trierische Erbmarschälle und von dort 1456 und 1440 belehnen mit den Dörfern Ober- und Nieder-Elbert — A. Montabaur — woselbst sie noch 1507 als Gerichtsherren vorkommen. Ausserdem waren sie begütert 1442 zu Arzbach — A. Montabaur — und im 14. und 15. Jahrh. zu Eitelborn — A. Montabaur. — Im Jahre 1399 tragen sie ihre Burg Sporkenburg — A. Montabaur — Trier zu Lehen auf und erscheinen in deren Besitz bis 1500, worauf dieselbe an die von Nassau zu Sporkenburg s. d.) überging. In der Vogtei Eisenbach — A. Hachenburg — besassen sie Antheile an den grundherrlichen Rechten und als Lehen des Stifts Dietkirchen bei Limburg an der Lahn den Zehnten zu Lindenholzhausen und Luckhofen — A. Limburg — von der Grafschaft Dietz die Vogtei zu Horchheim am Rhein und von Nassau Gefälle zu Ims.

Zu den Vasallen dieser Herren gehörten die von Dietz, v. Langenau, Köth von Wanscheid und Rödel von Reifenberg.

Man hat zwar ihren Stammbaum bis ins 10. Jahrh. zurückführen wollen, doch treten sie urkundlich erst gegen Ende des 12. Jahrh. auf. Ihr Geschlecht erlosch 1681 mit Johann.

Wappen: Schild getheilt von weiss und blau. Oben wachsender rother Löwe.

Helm: Weisser Kübel mit fünf Straussfedern z. w. b. w. r.

Decken: blau weiss. So bilden Siebmacher und Humbracht das Wappen ab; auf Siegeln finde ich in dem den unteren Theil des Schildes bestreut 1284 mit Kleeblättern und vor 1506 an stets mit Lilien. Diese sind, wenn der Schild von weiss und blau getheilt ist, weiss, wenn die obere Schildeshälfte gelb ist, gelb. Ob diese verschiedenen Farben etwa verschiedener Linien andeuten, hat sich nicht feststellen lassen.

Auch die Helme sind verschieden geschmückt, so führt z. B. Hermann 1421 in einem gelben Kübel einen Busch schwarzer Reiherfedern und Johann 1522 Pfauenfedern.

Hochstaden (Taf. 7).

Diese Grafen von Hochstaden besassen ihre Stammgüter zwischen Rhein und Niers. Ihre Burg lag an

Stelle des jetzigen Holsten Ihr Stammvater Graf Gerhard wird in Urkunden von 1074—1090 erwähnt. Sie waren Erbkämmerer des Stifts Cöln, dem Graf Conrad von 1238—1261 als Erzbischof vorstand, und dem Graf Theoderich, welcher nach 1246 als Der Letzte seines Geschlechts starb, seine Besitzungen übertrug.

Im nassauischen trugen sie von Cöln das Dorf Wahlrod — A. Hachenburg — und von der Abtei Prüm das Dorf Gommerich — A. Brusbach — zu Lehen.

Wappen: In rothem Schild ein weisser Adler.

Holzappel (Taf. 7).

Peter Melander, Sohn des Landbereiters Wilhelm Eppelmann zu Ober-Hadamar — 1642 kaiserlicher Feldmarschall — wurde 1641 in den Grafenstand erhoben. Die Esteran und die Vogtei Isselbach, welche er 1643 von Nassau-Hadamar erkaufte, erhob der Kaiser zur Reichsgrafschaft Holzappel, indem er dem Besitzer derselben gleichzeitig Sitz und Stimme im Westphälischen Reichsgrafen-Collegium verlieh. Graf Peter hinterliess 1648 nur eine Tochter Elisabeth Charlotte, welche 1658 den Grafen Adolf von Nassau-Dillenburg heirathete.

Wappen: In blauem Schilde zwei natürliche Apfelzweige, welche sich auf dem Helmschmuck, einem blauen Flug, wiederholen. Es kommt das Wappen des Johann Georg Holzappel gen. Melander 1611 zu Hadamar vor. Der nachherige Graf führte aber schon 1634 über dem Apfelzweigen eine gelbe Krone und zwischen den blauen Flug einen Apfelzweig. Das Grafenwappen hat einen gevierteten Schild mit Mittelschild: Stammwappen; I und IV in Roth ein weisser — oder gelber — Löwe, einen blauen — oder gelben — Stab haltend. II und III: In Weiss ein rother Greif eine blaue — oder gelbe — Nase haltend, Löwe und Greif in I und III. Felde nach links gekehrt. Drei gekrönte Helme. In der Mitte der Stammhelm; rechts der Löwe zwischen rothem, links der Greif zwischen weissem Flug.

Isenburg (Taf. 8).

Die Tafel auf Seite 1 giebt eine Uebersicht der aus diesem alten Grafengeschlecht — welches in dem Wappenbuch des Hohen Adels Deutschlands I p. 77 und III p. 115 ausführlich behandelt ist, — hervorgegangenen Linien, soweit dieselben hierhin gehören. Es sind folgende:

1) Die Linie Grenzau-Cleeberg, welche in der zweiten Hälfte des 12. Jahrh. von Heinrich I., dem Gemahl der türkin Irmgard von Cleeberg gegründet, nach Abtrennung der Arenfelser und Limburger Linien, sich um die Mitte des 14. Jahrh. in zwei Aeste spaltete, von denen der jüngere in Büdingen noch heute blüht, während der ältere in Grenzau und Cleeberg 1469 im Mannesstamm erlosch.

2) Die Linie Nieder-Isenburg, auch die Salmtlische genannt. Ihr Stifter war Rembold II., welcher die von seiner Mutter, einer der sieben Töchter des Grafen Ludwig I. von Arnstein, ererbte Grafschaft über den Einrich 1158 an die Grafen von Nassau und Catzenelnbogen verkaufte. Von seinen Enkeln stiftete Bruno II. um 1250 die Linie zu Wied II. — s. d. — während Dietrich I. die Nieder-Isenburgsche Linie fortpflanzte. Diese erbte nach Erlöschen der Herren von Arenfels 1374 die Herrlichkeit Hanebach — A. Selters — und durch die Heirath Salentin's V. mit der Erbtochter der Grenzauer Linie 1439 deren Besitzung nämlich die Herrschaft Grenzau — A. Selters — welche die ältere Grenzauische Linie ursprünglich als Allodium, seit 1342 aber als Triersches Lehn besessen hatte. Seitdem nannte sich diese Linie die jüngere Grenzauische und starb, nachdem sich von ihr um 1500 die 1554 erloschene Linie zu

Neumagen abgezweigt hatte, mit dem Grafen Ernst 1664 aus. Dieser verkaufte seine Erblande an Trier, welche sie 1803 an Nassau-Weilburg abtreten musste.

Wappen: Beide Linien führten im weissen Schilde zwei Balken, durch deren Farbe sie sich aber unterschieden, denn bei der älteren Grennau-Cleeberger Linie*) waren die Balken schwarz, bei der jüngeren Nieder-Isenburger roth. Wesentlich verschieden aber war der Helmschmuck.

1) Die Grafen zu Grennau-Cleeberg.

Heinrich II. führte einen mit den Balken belegten Köcher, der entweder — 1268 — oben ausgezackt, oder — 1261 — glatt und dann mit Pfauenfedern gefüllt erscheint. Sein Sohn Ludwig I. schmückt seinen Helm — 1272 — mit Kolbenstäben, welche oben mit Pfauenfedern besteckt sind, während dessen Sohn Lothar 1303 — auf einem Schaft einen mit drei Pfauenfedern gezierten Eiswohet und 1837 sechs kreisförmig gestellte Pfahlein mit den Balken führt. Sein Sohn Philipp I. besteckt — 1341 — diesen Hut rechts und links mit je zwei Adlerfedern. Des Letzteren Sohn Eberhard führt — 1371 — zwei Düffelhörner, deren oberen Enden mit kleinen Federn besteckt sind. Philipp II. siegelt 1346 mit einem Flug, anscheinend ohne Balken.

2) Die Nieder-Isenburger Linie.

Als Helmzeichen dieser Linie vor dem Jahre 1400 hat sich nur das eines Grafen Salentin im 1322 auffinden lassen, nämlich ein Pfau, sowie das eines anderen Salentin, welcher 1394 mit einem kegelförmigen Kleinod siegelt, an dem rechts und links ein Flügel befestigt ist, über dem Ganzen die beiden Balken. Seit 1406 erscheint ein weisser Flug mit rothen Balken zusächst geschlossen, später offen.

Seit der Mitte des 16. Jahrh. vereinigte diese Linie mit ihrem Schild und Helm den Schild und Helm der Grennauer Linie.

Kempenich (Taf. 7.)

Die Herren von Kempenich, welche seit der Mitte des 12 Jahrhunderts vorkommen, sind Isenburgschen Stammes. — Vergl die Stammtafel Seite 1 — Sigfried, ein Sohn des Grafen Rembold I. von Isenburg, nannte sich als Gemahl der Justine von Kempenich, vermuthlich einer Enkelin jenes Richwin von Kempenich, welcher 1663 als Bruder des Grafen Melfried von Wied erscheint. Herr von Kempenich. Sein Geschlecht erlosch 1474 im Mannesstamme mit Johann II., dessen Tochter Hedwig mit Peter von Schöneck vermählt war. Zur Herrschaft Kempenich, deren gleichnamige Burg in der Nähe des Laacher Sees lag, gehörte ein grosser Theil des Maienganes.

Zu Nassau traten die Herren von Kempenich in Beziehung, als Erzbischof Peter von Mainz zur Verstärkung der Burghut auf Lahneck neben anderen Edlen im Jahre 1511 auch Dietrich, Herrn von Kempenich warb.

Wappen: Die Isenburgschen Balken, jedoch roth in Gold. — 1277 Simon des Herr zu Kempenich belegt dieselben 1880 mit einem blauen Schrägbalken und Rosennaus 1282—1283 mit einem schwarzen Löwen, dem Wappenthier seiner Gemahlin von Büdingen. Gewöhnlich aber erscheint der Schild mit einem fünfästigen blauen Turnierkragen belegt.

Helm: Gelber Flug belegt mit den rothen Balken. **Decken:** Gelb-Roth.

---

*) In dieser Linie kommen auch Siegel mit einem Turnierkragen oder einem Stern als Beizeichen vor.

Kirchberg (Taf. 9).

Die Burggrafen von Kirchberg stammen aus Thüringen, wo sie das Burggrafenamt verwalteten. Ihren Namen führten sie von der Burg Kirchberg bei Jena. Sie treten gegen Ende des 11. Jahrhunderts in der Person Otto's I. urkundlich auf, zu Nassau aber erst in der Beziehung, als Georg Ludwig — † 1686 — sich mit Magdalene Christine, des Grafen Salentin Ernst von Manderscheid (u. d. Tochter vermählte, welche ihm den Erbtheil ihrer Mutter, die Grafschaft Sayn-Hachenburg brachte. Sein Enkel Johann August starb 1799 als Letzter seines Geschlechts, da dessen Bruders Wilhelm Ludwig — † 1751 — Sohn Wilhelm Georg, der bereits 1777 gestorben war, nur eine Tochter hinterliess, welche die Grafschaft Hachenburg durch Heirath an Nassau-Weilburg brachte.

Wappen: Schild geviert: I. und IV.: In Weiss ein gekrönter schwarzer Löwe. II. und III. in Weiss drei schwarze Pfäle.

Helme: Rechts: Ein Kranz von Pfauenfedern, über demselben ein gelber inwendig mit Pfauenfedern geschmückter Ring. Links: Ein vis Feld II und III gezeichneter Köcher mit Pfauenfedern.

Decken: Schwarz-Weiss.

Nach Anfall der Grafschaft Hachenburg wurde das Wappen vermehrt und zwar geschah dies auf folgende verschiedene Arten:

1) Schild gespalten: Vorne Kirchberg, jedoch I und IV die Pfäle. II. und III. der Löwe. Hinten I Sayn, II Wittgenstein, III Freusberg. IV Homburg. — (Vergleiche Manderscheid — Hieran 5 Helme. I. und 2. die beiden von Kirchberg. 3. Sayn. 4. Wittgenstein, schwarzer Hut mit weisser Krampe und fünf Federn w. s. w. s. w. 5. Homburg.

2) Der Schild von Sayn, wie oben beschrieben belegt mit Mittelschild. Kirchberg gespalten vorne die Pfäle, hinten der Löwe. Fünf Helme: Wittgenstein, 2. und 3. Kirchberg, 4. Sayn 5. Homburg.

3) Gespalten: Vorne: Manderscheid (u. d.). Hinten: Sayn. Mittelschild: Kirchberg. Von den 6 Helmen sind 1—3 Manderscheid, 4—5 Kirchberg, 6—8 Sayn.

Lichtenstein (Taf. 10).

Die Herren von Lichtenstein stammen von der gleichnamigen, im Kreise Wetzlar eine halbe Stunde von Greifenstein (s. d.) gelegenen Burg. Sie erscheinen seit 12.9 in der Geschichte und sterben nach der Mitte des 14 Jahrhunderts mit Wittekind aus.

Im Nassauischen besassen sie einen Hof zu Wallendorf — A. Herborn —, ferner Güter, Zehnten, Wälder und Resten im Kirchspiel Driedorf — A. Herborn, welche sie 1534 an Nassau verkauften, sodann Güter zu Niederhadamar — A. Hadamar — auf welche Wittekind 1340 zu Gunsten des Klosters Eberbach verzichtete. Kurz vor ihrem Erlöschen erhielten sie 1547 den nassauischen Zehnten zu Nenterod — A. Herborn — als Pfandlehn.

Wappen: Wie die Herren von Greifenstein (s. d. Artikel) führten die Herren von Lichtenstein im 13. Jahrhundert einen Schild mit vier blattförmigen Beschlägen. Seit Anfang des 14. Jahrhunderts aber siegeln sie mit einem achtfach getänderten Schild.

Limburg (Taf 10).

Die Herren von Limburg — an der Lahn — gehören zu dem weitverzweigten Isenburger Stamm. (Vergleiche die Stammtafel Seite 1). Ihr Stammvater, Heinrich I. von Isenburg erwarb durch seine Vermählung mit der Gräfin Irmgard von Cleeberg um 1220 die Herrschaft Cleeberg und wahrscheinlich auch die Herrschaft Limburg, welche beide im 11. Jahrhundert den Grafen von Gleiberg gehörten und nach deren Erlöschen um 1140 an die Grafen von Cleeberg und Mörle fielen. Ausserdem besassen die Grafen von Limburg vermuthlich als Theil der Arnsteinischen Mitherschaft die Hälfte der Herrschaft Schaumburg an der Lahn, welche aber gegen das Ende des 13. Jahrhunderts an die Herren von Westerburg fiel.

Nach dem letzten regierenden Herrn — Johann III. Tode — † 1405 — beanspruchte Trier die schon dem Erzbischof Balduin verpfändete Herrschaft und gelangte 1420 auch wirklich in den vollen Besitz derselben.

Der Letzte dieses Geschlechts Gerlach starb als Geistlicher nach 1414.

Wappen: Im blauen mit weissen [1] oder gelben [2] Schindeln bestreutem Felde ein in zwei Reihen weiss und roth geschachter Balken.

Helm: ein wie der Schild gezeichneter Flug; indessen führte Johann 1295 einen Morgenstern und Gerlach 1346 einen Kübel, wie der Schild gezeichnet mit Federbusch.

Decken: Blau-Weiss (resp. Gelb).

Manderscheid (Taf. 10).

Die Herren von Manderscheid stammen von der gleichnamigen Burg im Kreise Wittlich in der Eifel, wo sie urkundlich mit dem Anfang des 12 Jahrhunderts auftreten. Dietrich III. erwarb mit der Grafschaft Blankenheim, welche ihm 1468 durch Erbschaft zufiel, auch die Rechte und den Titel eines Grafen. Seine Söhne stifteten 1480 drei Linien, von denen die ältere zu Virneburg 1597 und die jüngere zu Keil und Falkenstein 1742 erlosch. Aus der mittleren Linie zu Blankenheim, mit welcher Franz Joseph 1780 das ganze Geschlecht beschloss, erheirathete Salentin Ernst durch seine Gemahlin Ernestine v. Sayn-Wittgenstein 1651 die Grafschaft Sayn-Hachenburg — A. Pachenburg. — Da er keine Söhne hinterliess, fiel diese Grafschaft nach seinem Tode 1706 durch seine Tochter Magdalene Christine an deren Sohn Georg Friedrich Burggraf von Kirchberg (s. d.).

Wappen: Im gelben Schilde ein rother Zinzak-Balken.

Helm: Rother Hut mit gelbem Aufschlag und zwei Pfauenwedeln.

Decken: Roth gelb. So das Stammwappen.

Da die Wappen der Linien zu Virneburg und Falkenstein nicht hierhin gehören, so erwähnen wir nur die Vermehrungen des Wappens der Linie zu Blankenheim. Nach Anfall dieser Grafschaft vierten die vornehmigen Grafen den Schild: I. und IV: Manderscheid; II und III: Blankenheim, in Gelb ein schwarzer Löwe belegt mit rothem vierzinkigem Turnierkragen. Hierzu der Helm von Manderscheid.

Später vermehrten die Grafen von Manderscheid-Blankenheim ihr Wappen, indem sie den Schild vierten: I. Manderscheid II: Blankenheim III: Dann, rothes Gitter in Gelb. IV: Junkerath: im blauen mit weissen — ich Sule auch gelbe und rothe — Lilien bestreutem Felde ein weisser Löwe, belegt mit rothem vierzinkigem Turnierkragen. Die Felder von Junkerath und Dann kommen auch umgestellt vor. Drei Helme: Rechts: Manderscheid, in der Mitte Junkerath gekrönt zwischen zwei gelben — auch schwarzen — Flügeln ein gelb gekrönter sitzender weisser Brache; links: Blankenheim: Schwarzer Hut mit gelbem Aufschlag, darüber zwischen zwei Pfauenwedeln ein sechseckiger an den fünf freien Ecken mit

---

Pfauenfedern oder rothen Quasten verzierten Schirmbrett mit dem Schildeschild.

Graf Salentin Ernst vereinigte mit diesem Wappen das seiner Gemahlin, indem er den oben beschriebenen Schild mit einem Mittelschild, gevierret von I Sayn: Gelber Leopard in Roth, II Wittgenstein: Zwei schwarze Pfale in Weiss III Freusburg: In Schwarz ein weisser mit drei schwarzen Eberköpfen belegter Schrägbalken, IV Homburg: In Roth eine weisse Burg, belegte und den oben genannten drei Helmen den von Sayn: Gekrönt, gewundenes gelbes Horn als zweiten und dem von Homburg: Gekrönt, weisse Burg als Vierten hinzufügte.

Merenberg (Taf. 11).

Die Herren von Merenberg, welche urkundlich 1129 mit Hartrad I. auftreten, besassen auf dem rechten Lahnufer eine kleine Herrschaft, als Lehen des Bisthums Worms. Es waren namentlich die Orte Merenberg, Selbenhausen, Reichenborn, Rückershausen, Allendorf, Hasselbach — A. Weilburg — Neunkirchen und Ibtlingen — A. Rennerod. — Ausserdem trugen sie noch einige kleinere Vogteien in den Aemtern Weilburg, Weben, Idstein und Hadamar vom Worms und dem Stift zu Limburg zu Lehen. Hartrad II. erwarb um die Mitte des 12. Jahrhunderts durch seine Vermählung mit Irmgard Gräfin von Gleiberg die Burg und den an der Lahn gelegenen Theil der Grafschaft Gleiberg und die hiermit verbundenen gräflichen Rechte, in Folge dessen seine Nachkommen ebenfalls den Grafentitel führten. Im Jahre 1328 erlosch dieses Geschlecht im Mannesstamm mit Hartrad VI. Seine Tochter Gertrude hinterliess die Merenbergischen Besitzungen 1850 ihrem Gemahl, dem Grafen Johann von Nassau.

Wappen: Ein gelber Schragen im blauen oder grünem Schilde. Erstere Farbe kommt mit vielen Darstellungen des 17. Jahrhunderts vor, letztere ist im vorigen Jahrhundert für den im nassauischen Wappen vorkommenden Merenberger Schild definitiv angenommen worden. Der Schragen erscheint allein; oder in jedem Winkel begleitet von einem Kreuzchen oder von je drei Kreuzchen oder von je einer vierblätterigen Blüthe oder er steht in einem mit stehenden oder auch mit liegenden Kreuzchen bestreuten Felde.

Als Helmschmuck führte Conrad 1254 zwei Brettchen mit dem Schragen und Hartrad I rohst zu Wetzlar 1316 zu Schirmbrett mit des Schildzeichens. Im nassauischen Wappen hat man ein rautenförmiges mit rothen Quasten verziertes im übrigen wie der Schild gezeichnetes Schirmbrett angenommen.

Molsberg (Taf. 11).

Die von der Grafschaft Dies umschlossene Burg und Herrschaft Molsberg gab einem Herrengeschlecht den Namen, welches schon um die Mitte des 11 Jahrhunderts erwähnt wird. Kaiser Heinrich II. belehnte dasselbe mit einem Theil der 1023 dem St Maximinstift in Trier entzogenen Güter, wozu namentlich Niederbrechen — A. Limburg — und Niederzeuzheim — A. Idstein — gehörten. Später thten die Herren von Molsberg auch gräfliche Rechte in einem Theil des Halgergaues aus. Diether trug 1273 seine Burg Molsberg dem Erzstift Trier zu Lehen auf, und sein Sohn Gyso I. begann mit der Verlasserung seiner Besitzungen, welche Gyso II. fortsetzte und sein Sohn Georg durch Verkauf der Burg und Herrschaft Molsberg an Trier 1365 beendigte. Dieser Georg, der zuletzt 1390 erwähnt wird, war der Letzte seines Stammes.

Wappen: In rothem Schilde ein schwarzer Löwe, welcher auch, jedoch jedenfalls nur als Beizeichen eines

---

1) So ist der Schild im Balduineum tingirt.
2) So in den Andreasschen Genealogien-Bücher. M.S. im König. Staatsarchiv in Wiesbaden.

jüngeren Sohnes, 1547 mit blauem dreiläugigen Turnier-kragen vorkommt.

Als Helmschmuck finde ich auf Siegeln von 1523 bis 1530 einen Hahnenfederbusch.

Münzenberg (Taf. 11).

Der Stammvater der Herren von Münzenberg war Eberhard von Hagen. Ihm schenkte Kaiser Heinrich V. im Jahre 1123 einen zum Königshofe in Wiesbaden gehörigen Wald. Sein Enkel Cuno I. erbaute Mün-zenberg in der Wetterau und nannte sich seit 1151 von dieser Burg. Durch seine Vermählung mit Luckharda, Gräfin von Näring erwarb er einen Theil der Besitzungen dieser Grafen, namentlich auch jenes Theil, wo sein Sohn Cuno II. die 1225 zuerst erwähnte Burg Königstein baute. Sein Enkel Ulrich II. beschloss im Jahre 1255 dieses Geschlecht im Mannesstamm. Von seinem fünf Schwestern brachte Isengard die Burg Königstein an die Herren von Falkenstein. Siehe diese und die Stammtafel auf Seite 3.

Die Herren von Münzenberg bekleideten die Reichserbkämmerer-Würde.

Wappen: Von Roth und Gelb getheilter Schild, ohne Zweifel das Wappen der Grafen von Näring. Die Theilungslinie ist namentlich in den langen Dreieckschilden so hoch gezogen, dass man versucht wäre, den Schild gelb mit rothem Schildeshaupt zu blasoniren.

Näring (Taf. 11).

Diese Grafen, deren Vorfahren schon um die Mitte des 11. Jahrhunderts im Einrich, in der Wetterau und im Niddagau als Gaugrafen erscheinen, treten 1105 in der Person Bertholds III. zum erstenmale unter dem Namen von Näring auf, und nach die gleichnamige Burg wird in diesem Jahre zum ersten Male erwähnt. Die-selbe lag dort, wo später die Burg Neu-Falkenstein stand, deren Ruinen noch heute im Amt Königstein sichtbar sind. Genannten Berthold's Enkel, Graf Gerhard, starb um 1174 als der Letzte seines Stammes; er hinterliess zwei Töchter, von denen die eine Cuno von Münzen-berg, die andere Heinrich von Dietz heirathete, welche Geschlechter seitdem neben Bolanden im Besitz der Näringschen Lande erscheinen. Wie Letzteres an der Erbschaft Theil nahm, ist nicht aufgeklärt.

Wappen: Ein Siegel der Grafen von Näring ist jetzt nicht mehr aufzufinden gewesen, indessen sagt Hod-mann in seinen Rheingauischen Alterthümern Seite 576 Anm. „Ein vor uns liegendes merkwürdiges Reitersiegel Gr. Gerhards von Näring 1171, welches uns im Schilde, soviel davon noch kenntlich ist, zur ein getheiltes Feld aufzeigt, hat uns auf die Idee geleitet, ob nicht die nach-her in die Näringschen Besitzungen gefolgten Münzen-berg-Falkensteiner sich mit diesem Wappenbilde bewidmet haben mögen." Auf Grund dieses Siegels nehme ich keinen Anstand, das Wappen der Grafen von Näring dahin zu bestimmen, dass ihr Schild von Roth und Gelb getheilt gewesen ist.

Ostein (Taf. 12).

Die Herren von Ostein stammen von dem gleich-namigen Schlosse im Ober-Elsass. Ihr Stammvater Bernhard erscheint um 1390. Seine Nachkommen traten wiederholt als Beamte in Mainzischen Dienst und als solche wohl auch öfter in Bezug zu Nassau, wo sie den Niederwald — A. Rüdesheim — benannen. Dieser ging im 18. Jahrhundert an die Grafen von Waldbott-Nas-senheim über. 1712 wurde das Geschlecht vom Kaiser in den Grafenstand erhoben und 1761 zu Sitz und Stimme im Westphälischen Grafen-Collegium aufgenommen. Das-selbe erlosch 1809 mit dem Grafen Johann Frie-drich Carl Maximilian.

VI. 7.

Wappen: In blauem Felde ein gelber Windhund mit rothem Halsband, der sich auf dem Helm wachsend wie-derholt. Die bei der Erhebung in den Grafenstand hin-zugefügte Grafenkrone scheint die Familie nicht geführt zu haben. Decken: blau-gelb.

Pirmont (Taf. 12).

Die Herren von Pirmont, deren Stammburg bei Münstermaifeld lag, besassen bedeutende Güter in der Eifel und an der Mosel. Sie treten im Anfang des 16. Jahrhunderts auf und erloschen nach 1512 im Mannes-stamm. Sie trugen den Hof Windhausen bei Ober-lahnstein — A. Braubach — schon im 12. Jahrhundert und noch 1505 von Nassau zu Lehen.

Wappen: Im weissen Schilde ein rother schräg-rechter Zickzackbalken; oder auch geviertet mit einem blauen Schrägbalken in Weiss, oben und unten von je drei schräggestellten schwarzen Lilien begleitet. (Vielleicht Ehrenberg, welche Herrschaft ihnen im 15. Jahrhundert durch Erbschaft anfiel).

Helm: Rothe Mütze mit Rand von Hermelin und zwei Pfauenwedeln.

Decken: Roth-Weiss.

Schildhalter: Cuno führte um 1416 zwei Adler.

Reichenstein (Taf. 12).

Die Herren von Reichenstein führen ihren Namen von der zwischen Dienstdorf und Altenkirchen an der Holz-wied gelegenen Burg Reichenstein und sind eine Seiten-linie der Herren von Virneburg, von denen sie sich gegen Ende des 13. Jahrhunderts abzweigten. Ihren Stamm beschloss Heinrich kurz vor 1513.

Sie besassen in verschiedenen Orten des Amts Hachen-burg Zehnten, von denen Wilhelm Herr von Reichen-stein 1439 einen Theil dem Kloster Marienstadt zu einer ewigen Seelenmesse schenkte.

Wappen: Im Weiss drei schwarze in Gestalt eines Schrägrechtsbalkens gestellte Rauten, die auch in der linken oberen Ecke von einem schwarzen Stern oder oben und unten von je drei Schindeln (Farbe unbekannt) be-gleitet vorkommen.

Helm: Weisser Rüdenrumpf mit schwarzen Ohren und statt des Halsbandes die drei Rauten.

Decken: Schwarz-Weiss.

Reiffenberg (Taf. 12).

Die Herren von Reiffenberg nannten sich von der am nordwestlichen Abhang des grossen Feldberges im Taunus gelegenen Burg und Herrschaft dieses Namens. Die Burg wird schon um die Mitte des 11. Jahrhunderts erwähnt; ihre Herren treten aber erst um 1234 mit Cuno auf. Im 14. 15. und 16. Jahrhundert fanden wiederholt Theilungen in verschiedene Linien statt, von welchen die Hauptlinie, aus welcher Johann Heinrich 1613 den Freiherrn-Titel erlangte, mit dem Mainzer Domherrn Phi-lipp Ludwig 1686 erlosch. Die Herrschaft Reiffen-berg fiel nach seinem Tode an Franz Freiherrn von Waldbott-Hassenheim, den Gemahl der einzigen noch lebenden Schwester. Die Linie zu Kirberg erlosch 1593 mit Marsilius, die Westerwälder oder Bayer Linie 1760 mit dem Jesuiten Philipp Ludwig, wäh-rend die Linie zu Bügenbach noch in Belgien blühen soll.

Ihre Besitzungen im nassauischen waren ausser ihrer Herrschaft im Amt Usingen recht zahlreich. Sie besassen sie im Amt Idstein: nassauische Lehen zu Hasfrich. 1481 drei Höfe und 1480 die Gerichtsbarkeit in der Ems. 1406 und 1455 die Burg Walrabenstein als Pfand von Nassau. 1403 Vogteirechte, Höfe und andere Gefälle zu Camberg als nassauisches Lehen einige Höfe zu Wörges, einen Hof zu Erbach. Im Amt Limburg waren sie bis 1600 Burgmänner zu Kirberg und zu Limburg, und zu

3

Lindenholzhausen mit Gütern von Molsberg und 1360 auch mit einem Theil des Zehnten zu Eufingen belehnt. Im Amt Camgen besassen sie 1439 Höfe zu Maxlof als Pfand vom Kloster Walsdorf und die Landeshoheit über das Dorf Sellerberg, welche im 15. Jahrhundert Nassau und Eppstein ihnen bestritten. 1372 als Lehen von Kurpfalz einen Theil des Stockheimer Gerichts, den sie 1608 und 1634 bedeutend vergrösserten, seit 1597 die ehemaligen Stockheimschen Hofgüter zu Westerfeld, 1602 einen Theil des Zehnten zu Arnsbach. Auch in den Aemtern Höchst 1442, Hochheim 1634, Schwalbach 1559, Herborn 1555, Wallmerod 1411—1425, Hadamar 1500, Weilburg 1411, und Dietz 1683 besassen sie Höfe, Gerichte, Lehen und Zehnten.

Wappen: 1) Schild von weiss und roth sechsmal schräg getheilt. Helm: ein wie der Schild tingirter Flug. Decken: Roth-Weiss.

2) Die 1686 erloschene Linie führt: den Schild ebenfalls von weiss und roth sechs- auch fünfmal getheilt aber vermehrt mit einem dreiklzigen blauen Turnierkragen und als Helm zwei Eselsohren, die rechte weiss, linke roth, aber auch beide schwarz vorkommen.

Rheingrafen (Taf. 12).

Die Rheingrafen treten im unteren Rheingau um 1050 auf, und zwar zunächst als Vögte des Erzstifts Mainz, von dem die bürgerliche Gerichtsbarkeit, sodann aber auch als Beamte des Kaisers, von dem sie den Blutbann zu Lehen trugen. Sie zählten zu den ersten Ministerialen der Mainzer Erzbischöfe und gehörten nicht dem Stande der Hochstfreien an. Ihr Burgsitz war der Rheinberg an der Wisper. — A. Rüdesheim. —

Rheingraf Embricho hinterliess 1157 ausser zwei Söhnen Embricho und Werner I. eine Tochter Luckhardis, welche an Herrn Siegfried von Stein vermählt war. Da Werners I. Sohn und Nachfolger 1223 kinderlos starb, so fiel das Rheingrafenamt an den Sohn der eben genannten Luckhardis, Wolfram, der sich nunmehr Rheingraf von Stein nannte und Stammvater der jetzigen Fürsten von Salm wurde.

Wappen: Ein Siegel dieser Rheingrafen hat sich nicht mehr auffinden lassen, indess geht aus Bodmann hervor, dass ihre Nachfolger, die Rheingrafen von Stein in den ersten Generationen das Wappen der früheren Rheingrafen führten, nämlich einen Löwen und einen Flügel, die sowohl über als nebeneinander vorkommen. Die Farben sind unbekannt.

Rineck (Taf. 13).

Die Grafen von Rineck sind ein altes Geschlecht in Franken, deren gleichnamige Burg zwischen Aschaffenburg und Lohr am Main lag. Urbenberg und andere rechnen sie zu „den heiligen Rich der Burggrafen." Den Stamm beschloss 1555 Graf Philipp.

Sie besassen zu Lindenfeld und Heimbach — A. Langen-Schwalbach — ein Hubengericht welches mit den dazu gehörigen Gütern die Breder von Hohenstein von ihnen zu Lehen trugen.

Wappen: Der Schild ist mehrfach, 5, 7 oder 9 fach von Gelb und Roth oder auch von Roth und Gelb getheilt.

Helm: Meistens gekrönt, welcher roth oder gelb bewehrter Schwan, der sowohl stehend wie wachsend vorkommt.

Decken: Roth-Gelb.

Sayn (Taf. 12).

Die Grafen von Sayn erscheinen unter diesem Namen, den sie von der ebenfalls erst zu dieser Zeit erbauten Burg Sayn im Engersgau annahmen, erst um 1140. Ihre Abstammung von den Pfalzgrafen im Avalgau väterlicher-

seits und von denen im Gau Maienfeld mütterlicherseits ist wahrscheinlich aber keineswegs urkundlich bewiesen. Ihre Geschichte ist kurz, da der Stammvater Eberhard I. Enkel, Heinrich der Grosse, 1246 kinderlos starb, und die Grafschaft Sayn durch seine Schwester Adelhaid an das Sponheimsche Haus (s. d.) fiel, aus dem ein zweites jetzt fürstliches Geschlecht Sayn hervorging.

Ausser den linksrheinischen Besitzungen im Maienfeld nannten sie noch ausgedehntes Gebiet im Engersgau und Avalgau ihr eigen. Sodann besassen sie die Freigrafschaft von Hadamar, deren Gebiet sich im Engersgau und Niederlahngau verbreitete.

Wappen: In rothem Schild ein gelber Leopard.

Siehingen (Taf. 13).

Dieses alte und berühmte schwäbische Herren- seit 1623 Freiherrn- und seit 1773 Grafen-Geschlecht nannte sich von seiner im Kraichgau bei Epplingen südlich von Heidelberg gelegenen Stammburg Siehingen. Es spaltete sich um die Mitte des 16. Jahrhunderts in fünf Linien, von denen nur die Hohenburger in Preussen und Oesterreich noch blüht. Die anderen starben aus, und zwar die aus hier anmehr interessirende 1835 mit dem Grafen Franz. Er war „seiner Stamme der Letzte; und starb im Elende."

Im Nassauischen besassen die Herren von Siehingen nach den Brömser von Rüdesheim die Oberwäherschaft über den Markwald des Gerichts Oberwallmenbach — A. St. Goarshausen — so wie ebenda ein Märher- und ein Hubengericht als der von der Pfalz 1692 erworben sie von Mettrich die Vogtei Sauerthal — A. St. Goarshausen, — welche 1806 mediatisirt wurde. Hierzu gehörte auch der Hof Fronborn — später Sauerberger Hof. — mit Heinrich Franz 1835 starb.

Wappen: Im schwarzen, roth eingefasstem Schild fünf — 3, 1, 2 — weisse Scheiben. Der Schild kommt auch ohne diese Einfassung vor.

Helm: Gelber Schwanenhals, oder auch ganzer Schwan mit drei rothen Granatappeln bestickt. Decken: Schwarz-Gelb.

Das Gräfliche Wappen: Der Schild des Stammwappens umgeben von einem mit der Grafenkrone geschmückten, mit Hermelin gefütterten rothen Fürstenmantel.

Sponheim (Taf. 14).

Die Grafen von Sponheim erscheinen seit 1075 in ihrer in der Pfalz gelegenen Grafschaft gleichen Namens. Gottfried, welcher Aloid, Gräfin und Erbin von Sayn heirathete, hinterliess 1220 drei Söhne, von denen der mittlere, Heinrich, Stammvater der Herren von Heinsberg wurde, während der älteste, Johann, und der jüngste, Simon, sich in die Grafschaft Sponheim theilten. Letzterer erhielt Kreuznach, oder die vordere Grafschaft, Ersterer Starkenburg oder die hintere Grafschaft, welche er 1277 seinem Sohn Heinrich hinterliess, und Sayn, welches sein Sohn Gottfried, der Stifter einer zweiten Linie der Grafen von Sayn (s. d.) erbte. Die Linie zu Kreuznach erlosch 1414 mit Simon IV., welcher durch seine Gemahlin Marie Gräfin von Vianden die Hälfte dieser Grafschaft geerbt hatte. Seine Schwester Elisabeth brachte den grössten Theil der vorderen Grafschaft an die ältere Linie zu Starkenburg, indem sie dieselbe dem aus ihrer Ehe mit Johann IV. von Sponheim-Starkenburg entsprossenen Sohn Johann V. hinterliess. Dieser beschloss den Stamm um 1437. In beide Grafschaften theilten sich Pfalz und Baden.

Im Nassauischen erscheinen sie zuerst als Vögte von Hochheim, welche Vogtei sie 1271 dem Ritter Wilhelm von Rüdesheim und 1313 dem Wäppner Gallo von Delkenheim zu Lehen gaben. Im Jahre 1340 verließen sie Stephanshausen — A. Rüdesheim, — welche sie von Bolanden erworben hatten, mit der Gerichtsbarkeit an die Iwan von Waldeck und von Liebenstein. In Elerstadt — A. Langenschwalbach — besassen sie als lehnbürgerliches Lehen 1382 den Kirchensatz, und in Biebrich-Mosbach einen Hof, mit dem sie 1411 den Kämmerer von Worms belehnten.

Wappen: Bis zu Anfang des 13. Jahrhunderts in rothem Schild ein weisser Balken. Seitdem führten die Grafen von Sponheim den Schild weiss und roth oder roth und weiss gespalten und zwar beide Linien zu Starkenburg und zu Kreuznach. Dass Letztere andere Tincturen — blau und Gelb — angenommen haben soll, beruht nach Fahne auf einem Irrthum. Ich finde diese Farben nur in der Marianischen Ritterkapelle in Hassfurt.

Helmschmuck: 1) Linie zu Starkenburg. Johann II. siegelt 1307 mit einem blätterartigen Kleinod, Johann III. führt 1350 auf dem gekrönten Helm zwei Pfauenwedel, welcher Helm seitdem erblich wird

2) Linie zu Kreuznach: Johann I. führt 1291 ein wie der Schild gezeichnetes rundes Schirmbrett; die Gebrüder Simon und Johann 1299 ein eckiges Schirmbrett, Johann des Grafen Simon sel. Sohn 1344 einen Eberkopf, ganz wie der Schild tingirt. Walram 1344—1367 in der Mitte der Krone ein kleines Kreuz, sein Sohn Simon einen und auch zwei Pfauenwedel. Letzterer viertete überdies sein Wappen mit dem Schild von Vianden (siehe oben); In Roth ein weisser Balken. Sonstige Abweichungen sind noch: der Turnierkragen im Schilde des Heinrich von Sponheim, Probst zu Münster 1351 und namentlich der schwarze Adler in Weiss im rechten Obereck. So stellt Grünenberg das Wappen dar. Decken: Roth-Weiss.

Stockheim (Taf. 14, 15 u. 16).

Die Herren von Stockheim gehörten zwar eigentlich zum Niederen Adel, hatten aber eine nicht unbedeutende Besitzung im Nassauischen — A. Usingen — welche alle Attribute der Landeshoheit besass. Als Stammvater dieses Geschlechts erscheint Gottfried, unter den Ministerialen des Bischofs von Worms im Jahre 1195. Die Familie theilte sich später in mehrere Linien, von denen sich eine im Rheingau niederliess, gab dem Nassauischen mehrere brave und tüchtige Beamte für Wiesbaden, Idstein und Usingen, dem Rheingau drei Viedome und starb 1702 mit Friedrich Wilhelm aus. Die oben genannte Herrschaft zerfiel in das Obergericht, welches Pfälzischen, und das Untergericht, welches Reichsfehen war. Seit der Mitte des 15. Jahrhunderts verkauften und verloren sie immer grössere Theile ihrer Herrschaft, bis sie um 1654 ganz daraus verdrängt waren.

Wappen: Trotz der eingehensten Recherchen hat es sich nicht ergeben, ob wir bei den im 14. und 15. Jahrhundert in vielen Urkunden auftretenden Herren von Stockheim an einen gemeinsamen oder an mehrere Stämme zu denken haben. Eine fortlaufende Stammtafel hat sich ebensowenig daraus zusammenstellen lassen; indessen ist nach den vorliegenden Urkunden im königl. Staatsarchiv in Wiesbaden die Existenz nur eines Geschlechts das Wahrscheinlichste trotz der mehrfach so verschiedenen Siegel. Im Jahre 1375 untersiegeln „Johann und Gerhard gebrüdere, Godefryd, Johann und Gerhard auch gebrüdere, alle von Stogheim" einen Vertrag mit dem Grafen Johann von Nassau-Dillenburg. Von dem erst genannten Brüderpaar Johann und Gerhard führt 1) Johann einen durch eine Zickzacklinie getheilten Schild, diese Theilungslinie jedoch so hoch, dass ein Schildeshaupt entsteht, unter deren drei Kreuzchen 2) Gerhard einen durch eine gerade Linie getheilten Schild, den oberen Theil durch rechts- und links-

schräge Striche schraffirt, im unteren Theil drei Kreuzchen. Von den anderen Brüdern, — und jedenfalls Vettern der ersteren — führten 3) Gottfried und 4) Hermann den Schild getheilt, unten je drei Kreuzchen, die nur in ihrer Form etwas von einander abweichen, während 5) Gerhard die Theilungslinie so hoch legt, dass ein Schildeshaupt entsteht; demgemäss sind im unteren Theil die Kreuzchen länger. Ob bei den sub 3—5 genannten Wappen der obere Theil des Schildes schraffirt war ist nicht mehr zu sehen, da die Siegel abgerieben sind, bei Nr. 3 ist dieses wahrscheinlich. Fast gleichzeitig mit diesen finden sich nun noch folgende Siegel:

6) Henne von Stockheim 1358: Schild getheilt, oben zwei, unten drei Lilien (oder vielleicht Kreuzchen?).

7) Friedrich von Stockheim 1367: Schildeshaupt, oben schraffirt wie 2, unten gegittert.

8) Henne 1408 und Wigant 1415: Schild durch eine Zickzacklinie getheilt.

9) Philipp 1461 und seitdem bis zum Erlöschen fast alle gleichmässig: Leeres Schildeshaupt, unten gegittert, oder auch

10) Getheilt: Oben Gelb, unten in Schwarz ein gelbes Gitter.

Alle diese Siegel halte ich nun aber für durchaus gleichartig und blasonire, indem ich die Schraffirungen, Kreuzchen, Lilien und Gitter lediglich als eine Art Damascirung und Füllung der leeren Flächen betrachte, das Wappen: Von gelb und schwarz getheilt. Die Theilungslinie ist ursprünglich jedenfalls eine gerade gewesen, um dann unter 9 erwähnten Gitter wird aber allmählig die Zickzacklinie entstanden sein, aus der Grünenberg schon drei Spitzen macht.

Als ältester Helmschmuck erscheint 1437 ein Köcher mit Hahnenfedern, später entweder Hörner, oder Flug beide wie der Schild tingirt. Decken: Schwarz-Gelb.

Vaihingen (Taf. 13).

Die Grafen von Vaihingen sind stammverwandt mit den Grafen von Calw, von denen sie sich gegen das Ende des 12. Jahrhunderts abzweigten. Ihre Besitzungen mit dem gleichnamigen Stammsitz lagen in Würtemberg in der Nähe von Stuttgart. Sie blühten bis in die zweite Hälfte des 14. Jahrhunderts und erloschen mit Heinrich, der vor 1384 starb.

Im Nassauischen hatten sie Güter und Zehnten zu Weilbach, Wicker und Massenheim — A. Hochheim — und verkauften diese 1312 an den Lehensherrn Erzbischof Petar von Mainz.

Wappen: In Gelb ein auf vier blauen — bisweilen auch grün blasonirten — Bergspitzen schreitender rother Löwe.

Velen (Taf. 13).

Die Herren von Velen, welche sich von dem gleichnamigen Rittersitz im Kreise Borken in Westphalen nannten, werden urkundlich seit Anfang des 13. Jahrhunderts erwähnt. Aus diesem Geschlecht erwarb der kaiserliche General Alexander 1641 mit dem Grafenstand auch einen Sitz im Westphälischen Reichsgrafen-Collegium für sich und seine Nachkommen, welche 1733 im Mannesstamm ausstarben, während die ältere nicht gräfliche Linie bereits einige Jahre früher erloschen war. In Nassau besassen die Grafen von Velen das Gericht Kettenbach — A. Weber, — welches sie von den Köth-von-Wanscheid nach 1665 gekauft hatten, aber nur kurze Zeit, denn bald darauf erscheinen die Herren von Galen im Besitz desselben.

Wappen: In Gelb drei an den Füssen grottenmelte rothe Ameisen in einer Reihe.

Helm: Zwischen rothem Flug der Schild.
Decken: Roth-Gelb.

Vermehrtes Wappen, welches die nach Erwerbung mehrerer Herrschaften gegen Ende des 17. Jahrhunderts annahmen:

Schild geviert mit Mittelschild: Vehlen, I: Gelb mit rothem Schildeshaupt (Megen), II: Blauer Balken in Gelb (Raesfeld), III: Gelbe Brezel in Roth (Bretzenheim), IV: Weisses Rad in Roth (Oberstein). Hieran 5 Helme: 1) Gekrönt, rother Flügel (Bretzenheim?; 2) Flug wie Feld I tingirt (Megen), 3) Vehen, 4) Gekrönt, Flug wie Feld II (Raesfeld). 5) Mohrenrumpf, roth gekleidet, Kragen weiss, Hut roth mit weissem Stulp und Schleier (Oberstein?)

Veldenz (Taf. 16).

Die Grafen von Veldenz bei Bernkastel an der Mosel starben mit Gerlach V. im Jahre 1260 aus. Seine Tochter und Erbin Agnes heirathete den Grafen Heinrich I. von Geroldseck. Ihr Sohn Walther hatte mehrere Kinder; von diesen erbte Georg I. Grafschaft, Name und Wappen von Veldenz. Sein Enkel Heinrich III. war mit Lauretta von Sponheim, Tante des letzten Grafen von Sponheim-Starkenberg vermählt. Ihr Sohn Friedrich erbte daher nach seines Vetters Johann V. von Sponheim Tode 1437 die Hälfte seiner Besitzungen, brachtes aber schon 1444 diese zweite Linie der Grafen von Veldenz im Mannesstamme, während seine Tochter Anna, Gemahlin des Pfalzgrafen Stephan von Simmern Veldenz und die übrigen Besitzungen an die Pfalz brachte.

Die Grafen von Veldenz besassen in Hattenheim — A. Rüdesheim — Güter, mit denen sie 1344 die von Scharfenstein belehnten.

Wappen: In weissem Schilde ein blauer, in letzter Zeit auch gekrönt vorkommender Löwe. Helm: 1334 Graf Georg I. Weisses schlechtiges Schirmbrett mit dem blauen Löwen.

1335. Georg Geistlicher zwei weisse Widderhörner.

Decken zu beiden: blau-weiss.

Seit dem Ende des 14. Jahrhunderts erscheint als Helm ein gelber Brackenrumpf mit rothem Halsband und hieran die Decken: roth und gelb.

Seit 1437 vierte Graf Friedrich seinen Schild mit dem von Sponheim (s. d.), krönte den Helm und schmückte den Brackenrumpf, der seitdem kürzer und ohne Halsband erscheint und daher wohl eigentlich als Brackenhaupt blasonirt werden muss, mit einem schwarzen Federbusch.

Virneburg (Taf. 16)

Die Grafen von Virneburg stammen aus dem Kreise Adenau, wo ihre gleichnamige Burg angeblich schon im 7. Jahrhundert erwähnt werden sein soll. Urkundlich erscheinen sie seit 1042, tragen 1172 ihre bis dahin allodiale Grafschaft dem Erzstift Trier zu Lehen auf, vermehren wiederholt ihre Besitzungen durch Vermählung mit reichen Erbinnen und starben mit dem Grafen Cuno 1545 aus.

Im Nassauischen treten sie schon 1194 als Mitbesitzer der Burg Schaumburg — A. Dietz — auf. Im Jahre 1232 besassen sie den Zehnten zu Niederzeuzheim — A. Hadamar — mit einem Hofe zu Hadamar. Rupert v. Virneburg verkaufte 1305 seine Güter zu Linther — A. Limburg — und wird 1310 Burgmann zu Lahneck — A. Braubach — 1477 erscheinen sie als Patronatsherren zu Weyer und Welmich — A. St. Goarshausen. —

Wappen: Im gelben Felde rothe Wecken, die zunächst in verschiedener Anzahl, seit dem 14. Jahrhundert aber ziemlich gleichmässig in zwei Reihen 4 und 3 vorkommen.

Helm: Rupert III. führte 1355 einen schwarzen Flug, sein Sohn Heinrich, der vor dem Vater starb und

seinen Schild durch einen blauen Turnierkragen kennzeichnete, führte 1335 zwischen diesem Flug eine schirmbrettartige Figur. Seine Brüder Gerhard und Adolf nahmen als Helmschmuck zwei schwarze, mit weissen Kugeln bestreute Büffelhörner und zwischen denselben den Schild an. So ist der Schmuck bis zum Erlöschen geführt worden.

Decken: Roth-Gelb.

Um die Mitte des 15. Jahrhunderts viertes sie ihren Schild mit den Wappen einiger ererbten Herrschaften also: I Virneburg, II. Neuenahr, In Gelb ein schwarzer Adler. III Saffenberg: In Schwarz ein gelber Adler. IV. Sombref: In Gelb ein rother Balken, über welchem drei rothe Merletten. Hieran entweder zwei Helme: 1) Virneburg, 2) Neuenahr, schwarzer Flug belegt mit runder Scheibe, auf welcher der Adler, oder auch drei Helme: 1: Virneburg, 2) Neuenahr, 3) Sombref, Habersfedern in einem wie der Schild tingirten Köcher.

Weilnau (Taf. 16).

Die Grafen von Weilnau zweigten sich um 1234 von den Grafen von Dietz ab. (s d.) Der erste dieses Namens war Gerhard I. Sie blühten nur in fünf Generationen und starben mit Reinhard, Abt in Fulda 1476 aus, nachdem sie die ihnen bei der Theilung zugefallene Herrschaft Neu-Weilnau — A. Usingen — schon 1326 versetzt und 1405 an Nassau verkauft hatten.

Wappen: Im gelben Schilde zwei über einander schreitende rothe Leoparden.

Helm: Schwarzer Flug belegt mit einer gelben runden Scheibe, in welcher die Leoparden.

Decken: Roth-Gelb.

Wied. I. (Taf. 17).

Die ältesten Grafen dieses Namens stammen aus dem Unterrheinischen Auengau. Sie nahmen im 11. Jahrhundert die Grafschaft Wied von den Pfalzgrafen zu Lehen und erwarben nunmehr auf dem rechten Rheinufer immer mehr Besitzungen, so namentlich die Grafschaft Schonenfeld im Engersgau und andere im Auelgau.

Als Stammvater erscheint Graf Metfried von 1073 bis 1129. Sein Urenkel Lothar starb nach 1250 kinderlos als der Letzte seines Stammes. Durch seine beiden Schwestern fielen die Besitzungen theils an Eppstein theils an Isenburg, aus dem das zweite Geschlecht der Grafen von Wied entspross. Siehe Wied II. und die Stammtafel Seite 1).

Wappen: Von Gelb und Roth mehrfach getheilter Schild, später belegt mit einem natürlichen Pfau.

Wied II. (Taf. 17).

Bruno II., Sohn Brunos I. von Isenburg und der Theodora von Wied, stiftete das zweite Geschlecht der Grafen von Wied, indem ihm um 1250 durch seine Mutter, eine Schwester des letzten Grafen von Wied I., die Hälfte dieser Grafschaft zufiel. Einer seiner Nachkommen, Wilhelm I. erwarb 1331 durch seine zweite Frau, eine Gräfin von Virneburg, auch die andere Hälfte der Grafschaft Wied, welche deren Vater 1306 von Eppstein gekauft hatte. Im Jahre 1376 erhielt er nach Erblochen der Herren von Arenfels einen Theil ihres Besitzes nämlich die Dörfer Alsbach, Grenthausen, Hendsdorf, Remse — A. Selters — und Hilgerod — A. Langen Schwalbach.

Dieses Geschlecht erlosch mit dem Grafen Wilhelm II. 1462, dessen Nichte Anastasia sein Land erbte und durch ihre Vermählung mit dem Grafen Dietrich von Runkel die Ahnfrau des dritten noch jetzt im Fürstenstande blühenden Geschlechts Wied wurde.

Wappen: Diese Grafen von Wied und Herren von Isenburg führten den Isenburgischen Schild, in Weiss zwei rothe Balken. Um 1400 vermehrten sie diesen Schild durch Vierung oder Spaltung mit dem Wied'schen Schild, vermuthlich in Folge der oben erwähnten Virneburg-Wied'schen Erbschaft.

Als Helmschmuck erscheint 1348 ein weisser Hut mit rothem Stulp und zwei weissen Flügeln, 1350 derselbe Hut mit gelber Kugel und schwarzem Hahnenfederbusch. 1380 auf diesem Hut ein Pfau. Nach Vereinigung der Isenburgschen und Wied'schen Wappen im Schilde erscheint der Pfau sitzend zwischen weissem mit den rothen Balken belegtem Flug.

Helmdecken: Roth-Weiss.

Ziegenhain (Taf. 16)

Die Grafen von Ziegenhain lebten auf der gleichnamigen Burg an der Schwalm in Niederhessen, wo als ihr Stammvater Gozmar gegen Ende des 11. Jahrhunderts erwähnt wird. Das Geschlecht erlosch 1450 mit Johann II. Die Grafschaft fiel an Hessen. Die Grafen von Ziegenhain wurden zu Anfang des 14. Jahrhunderts vom Kloster Alten-münster in Mainz mit der Vogtei Igstadt — A. Hochheim — belehnt und blieben in deren Besitz bis zu ihrem Erlöschen. 1455 belehnten sie mit dieser Vogtei die von Elkerhausen.

Wappen: Schild getheilt: Oben in Schwarz ein weisser Stern. Unten gelb.

Helm: Ein schwarzer gelb bewehrter Bock zwischen einem wie der Schild gezeichneten Flug.

Decken: Schwarz-Gelb.

II. Niederer Adel.

Aa (Taf. 18).

Ein altes Geschlecht aus Brabant, das um die Mitte
des 19. Jahrhunderts dort erlosch. Heinrich und
Helfferich v. d. Aa erscheinen 1340 resp. 1421 als
nassauische Lehnsleute in dem Dillenburgschen Kirchspiel
Driedorf und im Beilsteinschen.

Wappen: Schild von gelb und roth geschacht. Im
weissen rechten Obereck eine schwarze Merlette. Helm:
Die schwarze Merlette zwischen zwei Hörnern, von denen
das rechte weiss, das linke wie der Schild geschacht.
Später erscheint die Merlette auch ohne Hörner. Decken:
gelb-roth.

Achenbach (Taf. 19).

Ein an der Sieg ansässiges Geschlecht, das schon
gegen Ende des 14. Jahrhunderts erloschen zu sein
scheint. Aus demselben erscheinen 1361 der Wepeling
Dietrich als Burgmann des Grafen Otto von Nassau
und 1301 Borich als Burgmann zu Wittgenstein. Go-
debrecht Heppe von Achenbach vergleicht sich 1364
mit dem Grafen Johann von Nassau-Merenberg, wird
dessen Knecht und öffnet ihm seinen Theil an dem Hause
Gilsbach.

Wappen: Es ist nur der Schild bekannt, in welchem ein Doppelhaken, entweder allein — 1361 —, oder
begleitet von zwei Rosen — 1365 —, oder begleitet von
einer Rose und belegt mit einem Hirschen vorkommt.

Allendorf (Taf. 18).

Altes seit 1292 bekanntes, aus dem Dorfe Allendorf
— A. Nastätten — stammendes Adelsgeschlecht, das namentlich zu Erbach im Rheingau ansässig war und mit
Wilhelm 1368 erlosch. Es war von Nassau seit
1454 mit Dorf und Gericht Wambach — A. Schwalbach
— belehnt und im Weisel — A. St. Goarshausen — zu
Gutmacher — A. Nassau — sowie auch im Dietzischen
begütert.

Wappen: In weiss ein rothes Schildchen, begleitet
von einem gelben Ring im rechten Obereck. Helm:
Zwei Eselsohren, rechts roth, links weiss. Decken:
Roth-weiss.

Ahr (Taf. 18).

Ein Trierisches Geschlecht, welches 1283 seine im
Amt Brauach gelegenen Besitzungen an die Grafen von
Catzenelnbogen vertauscherte. Aus demselben werden erwähnt: Johann von der Are 1417, Dietrich 1526,
und Niclas 1561—83. Um diese Zeit scheint dasselbe
erloschen zu sein.

Wappen: In weiss ein rothes Hirschgeweih, dazwischen ein gelber Schild mit zwei blauen Balken.
Helm: Das rothe Hirschgeweih zwischen weissem Flug,
oder auch allein. Decken: Roth-weiss.

Anwe (Taf. 18).

Ein im 14. und 15. Jahrhundert oft genanntes Rit-
ter-Geschlecht, dessen Stammschloss Anwe Heimberg-
schen Erbmannlehen und Offenbaus war, wie Ritter Daem
v. A. 1461 dem Grafen Johann von Nassau-Saarbrücken
als Herrn zu Heimsberg bestätigt. Heinrich v. A. besass zu Croppach — A. Hachenburg — den Hof Lau-
terbach, den seine Kinder 1335 dem Kloster Marienstatt
schenken.

Wappen: Sie siegelten mit einem Löwen.

Bache (Taf. 18).

Aus dem Trierschen Adelsgeschlecht von Bach oder
von der Bache erscheint Heinrich 1313 als Amtmann
im Cloberger Cent im Nassau-Beilsteinischen. Seine
Nachkommen werden 1480 unter den Ganerben zu Reiffenberg — A. Usingen — erwähnt.

Wappen: Im Schild und auf dem Helm ein Wid-
derhorn.

Bechel von Siersberg (Taf. 18).

Die Bechel v. Siersberg oder Snrsberg, anscheinend gleichen Stammes mit den v. Greiffenclau
besassen Lehen zu Bocheln — A. Nassau — und ein
Burglehn, dessen Gefälle zu Lahnstein gelegen. Jost
Bechel von Siersberg, Herr zu Wolfingen beschliesst
dieses wenig genannte Geschlecht 1589.

Wappen: Im weiss und blau getheilten Schilde
ein gelber Glevenrad. Helm: Blauer Flug bestreut mit
gelben Lilien. Decken: blau-gelb.

Bechtermünts (Taf. 18).

Ein Mainzer Geschlecht, aus dem Heinrich und
Niclas Gehülfen Guttenbergs waren. Sie legten mit
einigem andern schon vor 1457 eine Druckerei zu Eltville
im Rheingau an. N. von B. starb als Gemahlin eines
N. von Sorgenloch ebendaselbst. Ihr Grabdenkmal
zeigte als Wappen in einem von gelb und schwarz
dreimal getheilten Schild einen von schwarz und roth
mehrfach getheilten Schrägbalken.

Bedendorf (Taf. 19).

Wahrscheinlich aus Bendorf bei Coblenz stammend,
werden sie im 13. und 14. Jahrhundert erwähnt. Sie
waren zu Horchheim bei Coblenz begütert und Burgmänner zu Montabaur.

Wappen: Zwei gekreuzte Adlerkrallen.

Bellstein (Taf. 19).

Das niederadelige Geschlecht von Bilstein oder Beilstein kommt von 1360–1467 in Beilstein — A. Herborn — vor. Es besass im Gericht Neukirch — A. Marienberg — ein nassauisches Lehen.

Wappen: Gilebrecht siegelt 1360 mit einem Kreuzch.

Berge (Taf. 19).

Aus dem Geschlecht von dem Berge werden Gerlach 1256 als Limburger Vasall und Hartwig 1315 als Ritter erwähnt. Im 15. Jahrhundert besass dasselbe Nassauische Lehen zu Herborn und Idstein — A. Idstein — sowie zu Selbach — A. Runkel — und Berbach — A. Hachenburg. — Um die Mitte dieses Jahrhunderts scheint es erloschen zu sein.

Wappen: In weissem Schilde drei rothe Zinkenbalken. Helm: Hörner mit den Balken. Decken: Weiss-roth.

Bergen gen. Kessel (Taf 19).

Die von B. gen. Kessel oder Kessler stammen wahrscheinlich aus dem Dorfe Bergen — A. Limburg — und kommen von 1426 bis 1645, wo sie erloschen, vor. Sie besassen 1427 ein nassauisches Lehen zu Walsdorf — A. Idstein — 1563 als Wormser Lehen Burg und Kirchensatz zu Eschershausen — A. Wellburg — wonach sich eine Linie Bergen von Eschershausen — † 1581 — nannte. Auch zu Kirberg — A. Limburg — hatten sie ein Burglehen von der Grafschaft Dietz, und werden 1427 unter den Burgmännern zu Idstein genannt.

Wappen: In Gelb ein schwarzer Balken, oben von zwei, unten von einem schwarzen Horn begleitet. Helm: Entweder zwischen zwei gelben Hörnern ein schwarzer Stern oder zwei gelbe Hörner, belegt mit dem schwarzen Balken und je einem schwarzen Stern. Decken: Schwarz-gelb.

Bernbach (Taf. 19).

Dieses Geschlecht stammt aus Bernbach — A. Idstein — kommt seit 1427 vor und erlosch um die Mitte des 16. Jahrhunderts mit Heinrich. Es war 1461 —1542 von der Abtei Bleidenstatt mit einem Hofe und dem Schultheissenamt in dem jetzt ausgegangenen Dorfe Wolfsbach bei Idstein, 1427 von Nassau mit Gefällen zu Bebierstein — A. Wiesbaden — und zu Burbach — A. Hachenburg — 1484 mit einem Haus auf der Judenburg zu Idstein belehnt.

Wappen: Im Schild eine Rose, begleitet von einem Stern oder von einem Turnierkragen. Vermuthlich ist die Rose das Stammwappen, und sind Stern und Turnierkragen nur Beizeichen.

Berns (Taf. 19).

Ein trierisches Geschlecht, welches 1360 Lehengelder aus der Kellnerei Montabaur bezog.

Wappen: Zwei Schrägbalken mit und ohne Stern im linken Obereck.

Bernhold (Taf 19).

Aus diesem fränkischen, nach im Elsass begütertem, dem Anscheine nach erloschenem Geschlecht, kaufte die Hessen-Cassel'sche Hofmeisterin Barbara Christine Bernhold von Eschau 1727 das reichsritterschaftliche ehemals von Kötheche Gut zu Wiesbaden. Friederica Lucretia von Petcken geb. Bernhold von Eschau

verkaufte dasselbe 1765 an den Fürsten Carl zu Nassau-Saarbrücken.

Wappen: Getheilt, unten schwarz, oben in gelb ein wachsender gekrönter schwarzer Löwe. Helm: Gekrönt, der wachsende Löwe. Decken: Schwarz-gelb.

Bernkot gen. Welschenengsten (Taf. 19).

Die Bernkot (Beren-Bernkot) sind ein wenig bekanntes rheinisches Geschlecht, welches 1375 zuerst erwähnt wird und Ende des 17 Jahrhunderts erloschen zu sein scheint. Sie besassen 1612 die Vogtei zu Labr — A. Hadamar — und überliessen 1658 die Pfandschaft an dem Burgsitz der von Irmtraud zu Langendernbach — A. Hadamar — an Nassau Hadamar.

Wappen: Im Schild drei Rosen. Helm: Widderkopf. Farben unbekannt.

Bertholdshen (Taf. 19).

Die Bertholdshen oder Bertelshain stammen aus Bernhain — A. Rennerod. — Sie werden von 1423 an als Westerburgsche Burgmannen aufgeführt, waren von Nassau mit Manngeldern belehnt und sind in der zweiten Hälfte des 16. Jahrhunderts erloschen.

Wappen: Schild getheilt, oben ein Stern, unten eine untergehende Sonne — (?) —

Beyer von Bargen (Taf 20).

Ein Trierisches aus dem Dorfe Bargen an der Mosel stammendes Geschlecht, aus welchem Johann 1343 als Burgmann zu Kirburg und später Mitglieder als Burgmänner zu Montabaur erwähnt werden. Es scheint vor dem 16 Jahrhundert erloschen zu sein.

Wappen: Oben genannter Johann siegelt mit einem Ankerkreuz, später führt das Geschlecht ein Jagdhorn.

Beyer von Neuen (Taf. 20).

Eine Linie, deren von Neuen, deren Burgsitz zu Obernheim — A. Dietz — die Beyer v. Neuen 1561 dem Grafen Johann von Nassau-Merenberg öffneten. Sie trugen zu Lindenholzhausen — A. Limburg — Güter von den Herren von Molsberg zu Lehen, und verkauften diese 1805 und 1815. Das Geschlecht erlosch um 1490.

Wappen: Markolf siegelte 1370 mit einer Rose.

Beyer von Sternberg (Taf. 20).

Ein altes rheinisches Geschlecht, welches seinen Namen von dem nahe bei Liebenstein über Bornhofen am Rhein gelegenen Schlosse Sternberg führt und zu Gelsenheim und Lorch Besitzungen hatte. Es scheint zu Anfang des 15. Jahrhunderts ausgestorben zu sein. (V. d. A. „Campe").

Wappen: Ein achtstrahliger schwarzer Stern, den eine Linie in weiss, die andere in gelb führte, und der sich auf dem Helm zwischen zwei wie der Schild tingirten Hörnern wiederholt. Decken: dem entsprechend.

Biburg (Taf. 20).

Dude von Biburg wird 1478 erwähnt. Das Geschlecht stammt anscheinend aus Biburg (Biebrich).

Wappen: Er siegelt mit einem aus Wolken ragenden und einen Fisch haltenden Arm.

Bicken I (Taf. 20).

Eins der ältesten und mächtigsten Adelsgeschlechter im Nassauischen. Von ihnen soll das Dorf Bicken — A.

Herborn — wo sie im 14 Jahrhundert und vermuthlich schon früher ansässig waren, den Namen führen. Ausserdem hatten sie beträchtliche Güter und Zehnten in den Aemtern Ebernbach und Triangenstein — jetzt A. Herborn — und im ganzen Siegreachen. Hier hatten sie auch einen Burgsitz zum Hain Nachdem das Geschlecht 1664 gefreit war erlosch es 1782 mit dem Geh. Rath und Statthalter zu Erfurt **Friedrich Wilhelm**.

Wappen: Von schwarz und weiss viermal getheilt. Helm: zwei, wie der Schild tingirte Büffelhörner. Decken: Schwarz-weiss. Bei Erhebung in den Freiherrnstand wurde der Schild gevieret mit Helm, von Roth und weiss viermal getheilt, die rothen Streifen mit gelben oder weissen Lilien bestreut. Zwei Helme und zwar entweder rechts der eben beschriebene Stammhelm, links ein rother Adlerrumpf zwischen vier weiss-rothen Fähnlein, oder rechts: ein schwarzer Adlerrumpf zwischen einem Fähnlein, links die beiden Hörner, wie der Schild gevieret.

Bicken II (Taf. 20).

Aus einem zweiten Geschlechte dieses Namens, werden erwähnt: 1347 **Gottfried** und **Albrecht** sein Sohn, Burgmann zu Hartenfels. — A. Selters — Letzterer noch einmal 1367 mit **Robin**. Dieser stiftet einen Altar zu Altstadt — A. Hachenburg — was seine Söhne 1425 bezeugen. Mit demselben scheint dieses Geschlecht erloschen zu sein.

Wappen: In gelb ein aus rothen Rauten gebildeter Schrägbalken. Helm: Entweder ein Eselsrumpf oder ein Pfau. Decken: Roth-gelb.

Bieburg von Weilnau (Taf. 20).

Spurius ein Sohn des Fürsten **Carl von Nassau** aus morganatischer Ehe führte den Titel Graf Bieburg von Weilnau. Er starb in den letzten Jahren des 18 Jahrhunderts.

Wappen: Das der alten Grafen v. Weilnau: In gelb zwei rothe Leoparden. Helm: Schwarzer Flug, belegt mit gelber Scheibe, auf welcher die Leoparden. Decken: Roth-gelb.

Biegen (Taf. 21).

Ein im Nidda- und Königsaudragau, später auch im Rheingau ansässiges mächtiges Geschlecht, das seit 1151 urkundlich erwähnt wird und 1500 erlosch. Ein Zweig desselben nannte sich Stahl von Biegen Sie waren Vögte zu Hattersheim — A. Höchst, — Igstadt und Dotzheim — A. Wiesbaden — Kirchenpatrone zu Hoffheim und Niederselbach — A. Idstein — und auch im Dietzischen begütert.

Wappen: In gelb ein rother Schrägbalken.

Bommersheim (Taf. 21).

Dieses Geschlecht trug den Fronhof zu Bommersheim — A. Königstein — von 1726 1498 von Fulda zu Lehen und war dadurch in den Besitz dieses Dorfes gekommen.

Wappen: In weiss drei rothe Schrägbalken, jeder mit drei weissen Scheiben belegt. Helm: Ein von weiss und roth getheilter Adlerrumpf. Decken: Roth-weiss.

Boppard (Taf. 21).

Von der linksrheinischen Stadt Boppard nannten sich verschiedene Geschlechter, die hauptsächlich dort begütert, zum Theil aber auch im nassauischen ansässig waren Das Geschlecht, welches sich lediglich von Boppard nannte, besass ein bedeutendes Gut zu Lippons —

A. St. Goarshausen. — welches **Conrad v. B.** 1170 zu einer ewigen Seelenmesse für Kaiser Friedrich I. an das Kloster Schönau schenkte Im Jahre 1357 werden seine Nachkommen als Burgmänner zu Dexerberg A. St. Goarshausen — erwähnt. Das Geschlecht scheint noch im 14. Jahrhundert erloschen zu sein.

Wappen: Im Schild ein Löwe.

Boppard, Meyer von (Taf. 21).

Stammen aus der linksrheinischen Stadt Boppard, wo sie das 1249 zerstörte „Königshaus" besassen. Sie waren Erbburggrafen auf Sterrenberg — A. Braubach — auf welches Amt sie 1332 verzichteten. Seit der Mitte des 16 Jahrhunderts Freiherren, erloschen sie 1596 mit dem vor Ofen gefallenen General **Jörg Freih. Meyer v. Boppard**.

Wappen: In Weiss ein schwarzer roth gekrönter Löwe, der sich auf dem Helm wachsend zwischen weissem Flug wiederholt. **Conrad** † 1421 vierte das Stammwappen mit dem Wappen seiner Mutter von Leuzenich: In Roth ein geharnischter Arm einen Ring haltend, der bis und wieder von drei Kreuzchen begleitet ist. Seitdem ist der Helm verschieden, entweder wie oben beschrieben mit schwarz-weissen Decken, oder nur der Flug, oder nur der Löwe; in beiden Fällen die Decken rechts schwarz-weiss, links schwarz-roth.

Boppard, Kolb von (Taf. 21).

Sie sind gleichen Stammes mit den beiden vorstehenden Geschlechtern. Auch sie erscheinen auf dem rechten Rheinufer und waren mit **Adolf von Nassau** — dem späteren König — gleichzeitig Burgmänner auf Gutenfels — A. St. Goarshausen — Sie erloschen um 1500.

Wappen: In weiss ein schwarzer Löwe. Helm: 1425 ein geflügelter Jünglingsrumpf; 1429 ein Jünglingsrumpf, 1477 ein Mannsrumpf.

Boppard, an den Porten von (Taf. 21).

Auch diese gehören zu dem Stamm der vorgenannten gleichnamigen Geschlechter und waren gegen Ende des 14. Jahrhunderts zu Niederelnhenstein ansässig.

Wappen: **Conrad** siegelt 1370 und 1380 mit einem gekrönten Löwen.

Boppard, Unter den Juden von (Taf. 21).

Dieses Geschlecht auch Jud v. B. genannt, scheint dem Wappen nach mit den vorigen keine Stammesgemeinschaft zu haben, auch nicht zu den folgenden zu gehören, obwohl es mit diesen ebenfalls unter der Burgmannschaft zu Sternberg A. Braubach — erscheint. Es besass seit 1800 ¹/₂ des Dorfes Osterspay — A. Braubach — sowie ¼ der Burg Liebenstein.

Wappen: **Johann, Conrads** Sohn siegelt 1381 mit drei Wecken. Schwarz in Weiss (?).

Boppard, Fels von (Taf. 22).

Verschieden von den bis jetzt aufgeführten, scheinen die beiden folgenden Geschlechter gemeinsamen Stammes zu sein. Die Fels v. B. werden im 15 Jahrhundert unter den Schöffen zu Boppard und unter der Burgmannschaft zu Sternberg — A. Braubach — aufgeführt.

Wappen: Ein weisser Schrägbalken im schwarzen Felde, welches auch mit Kreuzchen (Farbe?) bestreut vorkommt Helm: 1408 Hörner; 1461 schwarze Hörner mit weissen Binden Decken: Schwarz-weiss.

Boppard gen. Sternberg (Taf. 22).

Dieses Geschlecht, von dem wenig bekannt ist, scheint ein jüngerer Zweig des vorgenannten zu sein und von der Burg Sternberg — A Braubach — den Beinamen zu führen.

Wappen: Peter Domdechant zu Worms siegelt 1555 mit einem im Obereck von einem Stern begleiteten Schrägbalken. (Vergl. den Art. Sternberg.)

Brambach (Taf. 22).

Dieses alte nassauische Geschlecht war reich begütert, namentlich im Amte Walmerod, z. B. in Salz, wo es auch sein Erbbegräbniss hatte. Nach dem Besitzungen in Billkheim — A. Walmerod — nannte sich Dietrich von Brambach um 1345 von Ballingheym. Auch zu Werod, Wersdorf und Schönberg — A. Walmerod — besassen sie Höfe und Güter in Dorndorf und Hangenmeilingen — A. Hadamar, zu Nusebach — A. Limburg — und Wannsbeld — A. Walmerod —. Burgmänner waren sie zu Hadamar, Rheinfels, Limburg und Catzenelnbogen. Das Geschlecht erlosch mit Heinrich Ernst 1778.

Wappen: In weissem Felde ein rother Schrägbalken von einem bald gerade bald schräg gestellten, mit spitzen oder stumpfen Lätzen versehenem blauem Turnierkragen begleitet. Abweichend hiervon führen Friedrich und Bertram v. B. 1537 den Turnierkragen in einem getheilten Schilde (Farben?, Helm. Ein Windspiel mit Halsband oder ohne solches (Wolf?). Decken: blau, weiss roth, oder weiss-roth.

Braubach (Taf. 22).

Zu Braubach am Rhein im gleichnamigen Amte erscheint von 1153–1404 die adelige Familie v. Braubach, anscheinend verschieden von dem noch 1566 mit dem Zehnten zu Esslingen A. Limburg belehnten Geschlechte gleichen Namens. Zu welchem Geschlechte die Waldboten v. Braubach gehörten, ist nicht entschieden. Sie waren Burgmänner zu Montabaur.

Wappen: Ebroli und Johann siegeln 1340 mit einem Schildchen, Johann, Ritter 1301 desgleichen in einem gegitterten Felde.

Helm: gekrönt ein Baum (? oder Hahnenfederbusch). Hans v. Braubach führt 1537 einen Balken in einem gegittertem Schilde und auf dem Helm einen in gleicher Weise tingirten Flug.

Brendel von Homburg (Taf. 22).

Die Brendel von Hohenberg oder Homburg werden um die Mitte des 14. Jahrhunderts unter den Ganerben zu Reiffenberg — A. Usingen — genannt. Seit 1449 besassen sie Burg Grävenock — A. Weilburg. Ferner waren sie zu Limburg, Hadamar, Niederhamar, Niederahlbach — A. Hadamar — und Dietz begütert. Diese nassauische Linie erlosch 1582 mit Joachim, die andere in Homburg v. d. Höhe ansässige und mit ihr das ganze Geschlecht 1650 mit Daniel.

Wappen: In gelb ein rother Zinnenbalken. Helm: Flug, wie der Schild tingirt. Decken: roth-gelb.

Broll (Taf. 23).

Dieses Geschlecht nannte sich nach der bei Andernach gelegenen Burg Broll, Broel auch Bruel. Seine Stammreihe lässt sich seit dem Ende des 11. Jahrhunderts nachweisen. Es erlosch im 16. Jahrhundert. Es trug von Nassau und Dietz Güter zu Linz am Rhein und zu Horchheim zu Lehen und hatte 1525 Antheil an einem Habengericht zu Maha — A. Walmerod. —

VI 7

Babenheim (Taf. 23).

Wappen: In gelb 14, später auch mehr rothe Schalben. Helm: Hundsrumpf.

Stammen aus dem ausgegangenen Dorfe Babenheim im Amt Limburg. Im 14. Jahrhundert theilten sie sich in zwei Linien, von denen die eine sich v. Babenheim, die andere Specht v. Babenheim nannte. Jene starben gegen Ende des 17. die Spechte zu Anfang dieses Jahrhunderts aus. Beide hatten vor Kirberg — A. Limburg — ihre Burgsitze und waren in dortiger Gegend mehrfach begütert.

Wappen: Beide Linien führten in gelb einen Balken, der entweder schwarz oder schwarz und gelb oder auch weiss gegittert ist. Die Spechte führten über diesem Balken einen oder drei rothe Spechte, z. B. Dietrich 1453 einen Specht rechts, Craft 1529 desgleichen links, der Stifter dieser Linie Gerhard 1347 drei Spechte. Einzelne Glieder beider Linien führten auch einen Stern: z. B. Dietrich v. B. 1370 oben rechts; Heinrich Specht v. B. 1645 einen schwarzen Stern oben in der Mitte; und Philipp Georg Specht v. B. 1665 einen Stern unter dem Balken. Helm für beide Linien: Ein gelb gekleideter Knabe, der ein aufgeschlagenes schwarzes gelb ornamentirtes Buch mit der einen Hand hält, während er mit der anderen nach dem Kopfe führt. Abweichend hiervon erscheint der Knabe 1529 auf einem Siegel des Craft Specht v. B. mit fehlendem Unterarmen. Decken: schwarz-gelb, auch roth-gelb.

Buchenau (Taf. 23).

Ein hessisches in der Nähe von Fulda ansässiges Geschlecht, wird schon im 14. Jahrhundert im Nassauischen erwähnt. Gottschalk v. B. trug im 15. Jahrhundert den Mainzischen Antheil an der Burg Waldeck im Sauerthal — A. St. Goarshausen — vom Erzstift zu Lehen. Die von Buchenau werden auch unter den Nassauischen Vasallen genannt. Sie starben 1818 aus.

Wappen: In gelb ein grüner Vogel, der entweder als Papagei mit einer, oder als Gans mit rother Krone erscheint, und sich auf dem Helm in ersterer Gestalt allein, in letzterer zwischen gelbem Flug wiederholt. Decken: Grün-gelb.

Bucher (Taf. 23 und 24).

Kommen seit Anfang des 14. Jahrhunderts an der Lahn vor und zwar in zwei Linien, die sich nach ihren Hauptsitzen zu Laarenberg — A. Dietz — und Westerburg — A. Rennerod — Bucher von Laarenberg und Bucher von Westerburg nannten. Erstere Linie besass um die Mitte des 14. Jahrhunderts ein Triersches Lehen aus dem Rheinzoll bei Capellen und 1426 zu Gaarsbach, einem ausgegangenen Dorfe im Amt Idstein, einen Hof, sowie Wein und Korn' zu Schlerstein — A. Wiesbaden — von Nassau zu Lehen; die letztere nannte sich auch von ihren Besitzungen zu Härtlingen — A. Walmerod — und Irmtraud — A Rennerod —. Ludwig B. v. Westerburg trug 1527 seinen Hof zu Frickhofen — A Hadamar — dem Grafen Emich von Nassau zu Lehen auf. Beide Linien scheinen im 16. Jahrhundert erloschen zu sein.

Wappen: In roth ein weisser Schräg-Balken, der bei der Westerburger Linie mit drei Scheiben, bei der Laarenburger mit drei schwarzen Rädern oder mit drei Rosen belegt ist. Helm: Windspiel- oder Wolfsrumpf.

Buches (Taf. 23).

Ein in der Wetterau und im Rheingau reich begütertes Geschlecht, aus dem 1359 Ruprecht v. Buches

5

und seine Gemahlin Guda ihr bedeutendes Eigenthum zu Kiderich — A. Eltville — zur Stiftung eines neuen Altars in der Klosterkirche zu Eberbach widmeten. Später erscheinen sie auch als Burgmänner zu Reiffenberg, und eine Linie, die sich B. von Seligenstadt nannte, besass 1526 einen Theil des Zehnten zu Hahnstätten — A. Diets. — Das Geschlecht scheint zu Anfang des 17. Jahrhunderts erloschen zu sein.

Wappen: Ein Ankerkreuz entweder schwarz in weiss, oder roth in weiss, oder weiss in roth. Helm: Ein in den Schildesfarben quadrirter Flug oder auch ein mit dem Kreuz gezierter und mit zwei Federnbüschen geschmückter Hut. Decken: den Schildesfarben entsprechend.

Barbach (Taf. 24).

Die von Barbach stammen aus dem Dorfe Barbach im Selbacher Grund bei Steges und erscheinen seit 1324 als Ganerben der von Selbach (s. d.), mit denen sie gleichen Stammes sind. Im Selbacher Grund hatten sie mehrere Besitzungen, im Nassauischen einen Zehnten zu Moschenbach — A. Hachenburg — und zu Schappach — A. Runkel —. Um 1400 scheinen sie ausgestorben zu sein.

Wappen: Drei schräggestellte Ranten, die Eberhard 1352 in einem mit Schindeln bestreuten Felde, Otto 1352 im linken Oberck von einem Horn (?) begleitet und mehrere Brüder 1367 ohne jede weitere Zuthat führten.

Buriatsheim (Taf. 24).

Ein rheinisches ausscheinend im 15. Jahrhundert erloschenes Geschlecht, von dem eine Linie sich von Buriatsheim oder auch v. Büringheim gen. von Dune schrieb. Diese war von Trier mit 14 Morgen Landes zu Welmich — A. St. Goarshausen — belehnt.

Wappen: In Roth ein Zinnalbalken, den die v. B. weiss die v. D. gen. v. Dune gelb führten. Helm: Ein Hut bestecht mit zwei Pfauenwedeln.

Caine (Taf. 24).

Ein sich nach seinen Besitzungen in Caan — A. Selters — v. Caine Caene, Cane nennendes Geschlecht, von dem ein Zweig sich „gen. Reuber" schrieb. In Caan kommen sie von 1305—1364 vor; 1428 besassen sie den Hof Bitzelborn — A. Branbach. — Zuletzt erwähnt wird Conrad v. Kane gen. Reuber 1466.

Wappen: Im Schild drei Adler
Helm: Die Caane: Hut mit zwei Hörnern; die Caine gen. Reuber. Geflügelter Adlerrumpf.

Campe (Taf. 25).

Unter diesem Namen war in Camp — A. Branbach — im 14. Jahrhundert ein Geschlecht ansässig, das auch unter dem Namen Heyer v. Campe auftritt und mit Rücksicht auf das gleiche Wappen ein jüngerer Zweig der Heyer v. Sternberg (s. d.) zu sein scheint.

Wappen: Im Schild ein Stern, begleitet von einem fünfflätzigen Turnierkragen.

Catzenelnbogen (Taf. 25).

Auf der Burg Catzenelnbogen — A. Nastätten — sassen im Mittelalter fünf Geschlechter, die sich von ihr nannten und ein gleiches Wappen führten. Lässt sich hieraus mit einiger Wahrscheinlichkeit auf Stammesgemeinschaft schliessen, so ist dieselbe für keinswegs urkundlich nachweisbar. Ja nicht einmal eine Ganerbschaft scheint unter den Burgmännern bestanden zu

haben. Das eine dieser Geschlechter nannte sich schlecht v. Catzenelnbogen und kommt von 1196—1488 vor, um 1200 empfängt es vom Rheingrafen das Burglehen zum Rheinberg in Wisperthal, bis 1276 besass es Gericht und Vogtei Klingelbach — A. Nastätten — bis 1310 Güter in Neuselden — A. Limburg — Mehrere Mitglieder waren Ironherren zu Velen und Truchsessen der Grafen von Catzenelnbogen.

Wappen: In Weiss ein rothes Schildchen, über welchem Johann 1339 einen Schrägbalken führt, während es auf Werner's Siegel 1350 im linken Oberck von einem Ring begleitet ist Helm: Zwei Ecslsohren, rechts weiss, links roth. Decken: weiss-roth.

Catzenelnbogen, Kesselhud von (Taf. 25).

Sie erscheinen von 1277 bis 1387 unter dem Namen Kesselhud v. C. und scheinen gleichen Stammes mit denen vom Turme zu C. zu sein, die bis 1277 vorkommen. Sie waren Burgmänner zu Lahneck, belehnt mit dem Dorfe Wambach — A. Schwalbach — und angesessen zu Dörndorf — A. Nastätten —.

Wappen: Marcolf. der Letzte seines Stammes, siegelt mit dem Schildchen ohne Beizeichen.

Catzenelnbogen, Knebel von (Taf. 25).

Im 13. Jahrhundert waren sie zu Niedertiefenbach — A. Hadamar — ansässig und mit einem Theil des Vogteigerichts daselbst belehnt. 1388 war Werner Burggraf auf Schloss Sauerburg — A. St. Goarshausen —, 1335 öffnen Werner und sein Sohn Wilhelm ihre Burg Heppenhof dem Grafen Wilhelm v. Catzenelnbogen. Das Geschlecht erlangte den Freiherrnstand 1710 in der Person des Kurmainz. Geh. Raths und Hofmarschalls. Rutterhauptmanns und Directors der beiden oberrheinischen Rittercantone Philipp Christoph und starb 1816 mit dem K. K. Kämmerer Philipp Franz Johann aus.

Wappen: Das rothe Schildchen in weiss, im rechten Oberck von einem schwarzen Ring begleitet. Abweichend hiervon führt Damian 1399 den Ring im linken Oberck, Gerlach statt desselben 1355 einen Vogel. Auch kommt das Schildchen statt in der Mitte links unten vor. Helm: Die Eselsohren, rechts weiss, links roth. Decken: roth-weiss. Bei der Erhebung in den Freiherrnstand geviert mit dem angeheiratheten Wappen von Grärod (V d A): In schwarz ein gelber Balken, begleitet oben von zwei, unten von einer gelben Scheibe. Zwei Helme, beide gekrönt, rechts Stammhelm, links Grärod. ein schwarz gekleideter Mannesrumpf, in der linken eine weisse Rodehane tragend. Decken rechts: Rothweiss; links: Schwarz-Gelb.

Catzenelnbogen, Pfaur von (Taf. 25).

Aus diesem weiter nicht bekannten Stamm führt Johann 1397 das Schildchen begleitet von einem blauen Halbmond.

Catzenelnbogen, Sure von (Taf. 25).

Sie kommen von 1252—1384 vor. Zusammen mit den Kesselhud waren sie mit dem Dorfe Wambach belehnt. 1383 besassen sie einen Hof zu Heringen — A. Limburg — und werden 1384 unter den Ganerben zu Reiffenberg genannt. Heinrich war 1331 und 1362 Viztham zu Speyergau.

Wappen: Das rothe Schildchen in weiss, begleitet von einer gelben (?) Krone im rechten Oberck. Helm: Die beiden Eselsohren, rechts weiss. links roth. Decken: roth-weiss

Curben (Taf. 26).

Ein seit dem Anfang des 13. Jahrhunderts vorkommendes breusisches Geschlecht, das sich in verschiedene Linien theilte, von denen die leiste in Staden 1729 erlosch. 1390 sind die Ganerben der Burg Stockheim: A. Usingen — 1508-1671 Burgmänner zu Neuenheim auch zu Montabaur. Sie besassen Güter zu Reichelsheim und Zehnten zu Dietenhausen — A. Weilburg —

Wappen: Schild getheilt. Oben in gelb ein wachsender rother Löwe, unten in blau eine weisse Lilie. Helm: Rother Hut mit weissem Stulp und schwarzer Hahnenfeder. Decken: Roth-Weiss.

Cleberg (Taf. 26).

Die Adeligen von Cleberg besassen als Dietzer Lehn den Hof Cleberg bei Rüdesheim bis zu ihrem Erlöschen um 1500 und ebenso einen Zehnten zu Härstatt — A. Schwalbach —. 1340 waren sie Burgmänner zu Westerburg.

Wappen: In weissem Schild zwei schwarze Balken. Helm: 1363 führte Ludwig zwei Hörner, Peter einen sitzenden Hund auf einem Hut zwischen zwei mit je einem Balken belegten Hörnern, Wilhelm 1488 den Hund sitzend zwischen Hörnern. Diese kommen auch mit je zwei Balken belegt vor und dazwischen auf einem Hut eine Rose.

Cleen (Taf. 26).

Die von Cleen oder Clee sollen schon 1080 urkundlich vorkommen. Sie besassen das Dorf Dornassenheim — A. Reichelsheim — 1390 als Lehen von Worms und Fulda und behielten es bis zu ihrem Aussterben 1820. Von Nassau halten sie 1414 Korngefälle in dem ausgegangenen Dorfe Sigelbach — A. Weilburg — zu Lehen. 1600 sind sie Ganerben zu Reifenberg.

Wappen: In gelb ein rother Klueblatt, dessen Blättchen rund oder herzförmig vorkommen und daher verschiedener Blasonirung Veranlassung gaben. Hans v. C. führt 1480 über dem Klueblatt eine kleine Lilie. Helm: Flug belegt mit der Schildesfigur. Decken: Roth-Gelb.

Clemm (Taf. 26).

Die Clemm oder auch Clein, welche seit der Mitte des 14. Jahrhunderts in Nassenlachen vorkommen, führten den Beinamen von Hohenburg und später auch den von Eschbach. Sie waren 1390 Ganerben zu Stockheim — A. Usingen. — Im Amte Camberg und zu Oreu — A. Kirberg — trugen die verschiedene Zehnten und Gefälle zu Lehen, die sie 1462 verkauften, ebenso einen Hof zu Erbach — A. Idstein —. Bald darauf scheinen sie erloschen zu sein. Dem Wappen nach sind sie stammverwandt mit den Hornberg.

Wappen: Im Schild zwei Balken. So siegelt Friedrich Clemm von Hohenburg. Später erscheint der Schild mehrfach getheilt von Weiss und Schwarz. Helm: Hörner wie der Schild tingirt. Decken: Schwarz-Weiss.

Clottenberg (Taf. 26).

Ein Geschlecht dieses Namens finden wir in Nassau von 1364 bis 1467. Im Jahre 1365 wurde Heinrich v. C. mit einem Hofe zu Selters vom Erzbischof von Mainz belehnt. Sie hatten zu Löhnberg — A. Weilburg — und zu Dietz ein Burglehen und waren Burgmänner zu Westerburg.

Wappen: Im Schild ein Windspiel mit Halsband, hin und wieder im linken Obereck von einem Stern begleitet.

Cobern (Taf. 27).

Ein von Cobern an der Mosel stammendes und 1356 mit Johann Lutter, der wegen Wegelagerei in Coblenz enthauptet wurde, erloschenes Geschlecht. Im Jahre 1612 erwarben sie mit den v. Kynenberg das Langenaasche Schloss Holzofels — A. Nastätten. — Sie gehörten zur Reifenberger Ganerbschaft und waren am Rhein und an der Lahn begütert.

Wappen: Drei Wecken, die Lutter 1355 im Schildeshaupt, Eberhard Lutter 1488 aber mitten im Schilde führt. Helm: Löwenrumpf oder wachsender Löwe zwischen Flug.

Cuberstein (Taf. 27).

Eine vor 1500 erloschene Triersche Familie, die schon im 14. Jahrhundert im Amt Hachenburg ansässig war. 1581 erhielten sie den zu ihrem Hofe Kadelbach — A. Hachenburg — gehörigen Zehnten und 1413 den Hof selbst an das Kloster Marienstatt.

Wappen: Im Schild ein Adler. Helm: Gefügelter Adlerrumpf.

Cramperg (Taf. 27).

Die von Cramperg, auch Cramburg genannt, stammen aus Cramberg — A. Dietz — wo sie eine kleine Burg besassen. Sie kommen im 14. und 15. Jahrhundert vor. Ritter Heinrich v. C. erbaute die Burg 1848 und trug sie Trier zu Lehen auf, welche 1418 die v. Sottenbach damit belehnte. Burgmänner waren sie zu Balduinstein, und Heinrich 1347 auch Burggraf zu Schadeck — A. Runkel —. Zu Münster — A. Runkel — besassen sie einen Hof und in den Aemtern Herborn, Dillenburg und Kirberg verschiedene Gefälle. Cunemann v. C. ward schon 1848 mit dem Zehnten zu Zehnhausen — A. Hennerod — belehnt.

Wappen: Cunemann siegelt 1355 mit einer Burg, sonst führte das Geschlecht einen Schrägbalken und zwar belegt mit einem Stern oder begleitet von einem Adler. Heinrich führt 1347 den Balken in Gestalt eines Bogens und Diethard demselben 1347 in einem mit Schindeln bestreuten Felde ohne Beizeichen. Helm: Zwischen zwei Hörnern eine Kugel, oder — Diethard 1374 — eine Lilie.

Crowonel (Taf. 27).

Dieses Geschlecht erscheint 1308 unter den Burgmännern zu Runkel, 1342 zu Westerburg und gleichzeitig auch zu Hartenfels.

Wappen: In einem mehrfach von gelb und blau gespaltenen Schilde ein rother Querbalken. Dietrich führt denselben 1350 mit runden Scheiben belegt und im rechten Obereck von einem Stern begleitet.

Crüftel (Taf. 27).

In Crüftel — A. Höchst — kommen 1257 und 1239 Adlige v. Crüftel vor; ob diese mit den wahrscheinlich aus dem Dorfe Crüftel im Amte Idstein stammenden Namensgenossen gleichen Stammes sind, ist nicht bekannt. Ein Zweig der Letzteren, die Mertz v. Crüftel, wurde 1357 mit der Burg und Veste im heutigen Altenkirchen — A. Weilburg — belehnte.

Wappen: In einem zweimal getheilten Schilde ein Gleverad.

Crumbach gen. Stockheim (Taf. 27).

Reinhard von Crumbach gen Stockheim erhält 1421 und Henne 1426 Geldlehne und Gefälle von Westerburg.

Wappen: Sie siegeln mit einem Balken.

Crummenaus (Taf. 28).

Ihre Stammburg Crummenaus lag im Burgfrieden von Nassau. Sie kommen zuerst 1301 zuletzt 1361 vor. Sie waren Burgmänner zu Nassau und besassen einen Burgsitz zu Miehlen — A. Nastätten —. Von 1301—1310 verkauften sie ihre Besitzungen zu Morsfelden — A. Limburg —. Auch im Einrich waren sie angesessen und Mörker in der Wiesbadener Mark.

Wappen: Dietrich siegelt 1319 mit einer Rose, die aber auch von einer Lilie im rechten Obereck begleitet oder auch in einem mit Lilien bestreuten Felde erscheint.

Wilhelm v. C. Erbvogt zu Niederfell an der Mosel 1354 und sein Bruder Eberhard führen in einem mit Kreuzchen bestreutem Schilde einen Löwen und auf dem Helm Eselsohren. Ob sie hierhin gehören?

Cube (Taf. 28).

Dieses Geschlecht, welches sich später auch von Caub schrieb, und jedenfalls aus der Stadt Caub — A. St. Goarshausen — stammt, ist nicht zu verwechseln mit den Graus v. Cube u. d.. Es ist wenig bekannt und erscheint vor 1600 erloschen zu sein.

Wappen: Zwei gekreuzte Aeste, darüber ein Turnierkragen. Helm: Flug.

Dalheim (Taf. 28).

Stammen aus Thalheim — A. Hadamar — und kommen von 1215 — 1369 vor. In welchem Jahre Johann des Erzbischofs Cuno von Trier Mann wird.

Wappen: Schragen im Hermelinfeld.

Dernbach (Taf. 28).

Nicht zu verwechseln mit den ebenfalls aus Nassau stammenden aber noch blühenden Freiherrn von Dernbach sind die beiden oder vielleicht drei Geschlechter, die im 14. und 15. Jahrhundert zu Montabaur als Burgmänner vorkommen und jedenfalls als Ganerben der nahe gelegenen Burg Dernbach deren Namen führten.

Wappen: Junker Hermann 1385—1429 siegelt mit drei Wolfsangeln, zwischen denen ein Stern. 2) B. v D. führt in blau eine weisse Rose. 3) G. v. D theilt seinen Schild viermal von roth, weiss, schwarz, weiss, roth.

Derne (Taf. 28).

Ein am Rhein und in der Wetterau im 13. Jahrhundert vorkommendes Adelsgeschlecht.

Wappen Ein Schrägbalken, der in einem leeren, oder in einem mit Kreuzchen bestreutem Felde vorkommt. Ob Conrad de Derne, welcher 1355 mit einer Windmühlenflügelartigen Figur siegelt, hierhin gehört, ist zweifelhaft.

Dern, Frey von (Taf. 29).

Dieses Geschlecht wird mit Heinrich Frie von Dern 1190 zuerst erwähnt. Es war auf Burg Dern — A. Limburg — zunächst nur mit einer Hofraithe belehnt, erwarb aber allmählig deren ganzes Recht und blieb bis zum Aussterben 1757 in demselben. 1278 kommen die einen Hof zu Offheim — A. Hadamar —, 1476 den Hof Cleberg bei Rödesheim, 1498 Hausen — A. Schwalbach —, 1575 einen Hof zu Langenwiesen und Antheil an dem Hubengericht zu Haba — A. Walmerod —, Sie waren ferner ansässig zu Eltville und Limburg, Triersche Vögte zu Neuterahausen — A. Walmerod —, Untervögte zu Dietkirchen — A. Limburg — sowie Burgmänner zu Hadamar und Limburg, auch Patrone der Kapelle zu Ahlbach — A. Hadamar —.

Wappen: Schild entweder getheilt von gelb und blau, oder blau mit gelbem Schildeshaupt. Im blauen Theil drei weisse Garben. Helm: Zwei Hörner von gelb und blau getheilt, zwischen zwei Ohren, die beide gelb, oder rechts gelb, links blau vorkommen. Decken: blaugelb.

Dern (Taf. 29).

Sie führen ihren Namen vom Dorfe Dernen bei Frensburg an der Sieg. Jutta verkauft 1274 ihren Hof zu Heuchelheim — A Hadamar —, 1332 verkauft die Familie den Hof Kndelbach — A. Huchenburg —, Bis 1368, in welchem Jahr sie ausgestorben zu sein scheinen, trugen sie von Nassau Zehnten zu Niderwalgern zu Lehen.

Wappen: Im Schild drei in Form eines Schrägbalkens gestellte Rauten. Helm: Flug.

Dienheim (Taf. 29).

Ein rheinhessisches, anscheinend in diesem Jahrhundert erloschenes Geschlecht welches zu Altweilnau eine nassauische Pfandschaft besass.

Wappen: In rothem Schild mit weissem Schildeshaupt ein gekrönter weisser Löwe, der sich auf dem Helm wachsend zwischen zwei weiss und roth getheilten Hörnern wiederholt. Decken: Roth-weiss.

Diepern (Taf. 29).

Ein ausgestorbenes Trierschee Geschlecht, dessen Mitglieder Burgmänner zu Montabaur waren.

Wappen: In weissem Schild ein rothes gezinntes Schildeshaupt.

Dietz (Taf. 29).

Die von Dietz, welche seit Anfang des 13. Jahrhunderts vorkommen und anscheinend mit den Specht v. Dietz stammverwandt sind, theilten sich, nachdem schon im 14. Jahrhundert die Linie Dietz gen. v. Briloch sich abgezweigt hatte, später in zwei Linien eine Ardeck und zu Lindheim. Letztere, welche von dem Schlosse Lindheim an der Nidda den Namen führte, erlosch 1579, die Hauptlinie zu Ardeck 1727. Seit den ältesten Zeiten trugen sie von der Grafschaft Dietz einen Burgsitz zu Dietz, seit 1467 auch das Schloss Ardeck mit Gütern und Gefällen und das Erbmarschallamt zu Lehen. Auch hatten sie ein Burglehn zu Hadamar und 1552 ein Hubengericht zu Nomborn — A. Walmerod —, Ferner waren sie begütert in der Grafschaft Dietz und Burgmänner zu Westerburg (1220), Limburg und Idstein.

Wappen: Otto siegelt 1441 mit einem Löwen im Schilde. Später seit 1484 erscheint in einem rothen Schild mit weisser Einfassung ein weisser Löwe. Helm: Bärtiger rothgekleideter Mannsrumpf mit rother Mütze mit weissem Umschlag, oder Jünglingsrumpf, dessen Rock rechts weiss, links roth ist, der Kragen mit gewechselten Farben. Mütze wie oben.

Dietz, Specht von (Taf. 29).

Sie kommen seit 1234 auf ihrem Burgsitz zu Dietz vor und dürften gleichen Stamms, wenn nicht die Stammeltern der von Dietz gewesen sein.

Wappen: Aeltestes: In weiss zwei schreitende Leoparden, später in rothem weiss eingefasstem Schilde ein weisser schreitender Leopard.

Specht von Westerode (Taf. 29).

Unter diesem Namen erscheint 1351—1364 ein Ritter Heinrich als Westerburger Vasall. Er scheint zu den Specht v. Dietz zu gehören, denn sein Wappen ist dem dieser Familie sehr ähnlich, nämlich ein gelber Löwe in einem blauen Schilde, dessen rothe Einfassung mit weissen Scheiben belegt ist.

Dreysbach (Taf. 29).

Ein in Hessen und Fulda begüttertes Geschlecht, das aber auch in Nassau Lehen besass. Es gehörte zu den Westerburger Vasallen wegen eines Lehnstücks zu Aumenau — A. Runkel —.

Wappen: In roth ein weisser Hirschkopf mit Gewölb, welches sich auf dem Helme wiederholt. Decken: Roth-Weiss.

Döring (Taf. 30).

Altadeliges Geschlecht, das sich zum Unterschiede von den Döring zu Gr. Lüder bei Fulda zu Elmshausen nannte. Es kommt seit 1247 in Urkunden vor und erlosch 1791 mit Carl Wilhelm. Sie waren Vasallen von Hessen, Hanau-Münzenberg, Wittgenstein, Fulda und Nassau und besassen im Herzogthum Nassau Zehnten zu Frohnhausen — A. Dillenburg — und Dietenhausen — A. Weilburg —.

Wappen: Von schwarz und weiss mehrfach schrägrechts getheilt, im Untern Obereck ein weisser Stern. Helm: Zwei von schwarz und weiss mehrfach getheilte Hörner. Decken: Schwarz-Weiss. Abweichend siegelt Ludwig v. D. 1445 mit zwei Schrägfäden im rechten Obereck nebst Stern, während der Letzte des Geschlechts seinen Schild durch wagrechte Linien theilte und den Stern in den Schildesfuss setzte.

Dotzheim (Taf. 30).

Aus dem gleichnamigen Dorfe bei Wiesbaden stammend hatten sie vielfache Beziehungen zum Rheingau. Um 1552 ist das Geschlecht erloschen.

Wappen: Rother Schild mit gelbem Schildeshaupt, in welchem einige wahrscheinlich eine jüngere Linie — drei schwarze Vögel führt a. Helm: Ein Hut in den Schildesfarben mit schwarzen Federn. Decken: Roth-gelb.

Edelkirchen (Taf. 30).

Dieses aus dem Märkischen stammende und in Cöln unter den Schöffen vorkommende alte Geschlecht besass 1671 und 1701 einen Hof in Reichelsheim.

Wappen: In weiss ein rothes Ankerkreuz, welches sich in einer runden Scheibe auf dem Helme wiederholt. Decken: Roth-weiss.

Elbach (Taf. 30).

Stammen aus Elbach — A. Dillenburg — und waren dort sowie zu Nannenbach, Ballersbach, Herbornselbach und Sechshelden im Dillenburgischen angesessen. Sie kommen hier von 1358—1392 vor, in welchem Jahre der Wepener Heinrich von Ybach, vermuthlich als Letzter seines Stammes starb.

Wappen: Heinrich siegelt 1374—83 mit einem Widderkopf.

Elben (Taf. 30).

Zu Elben und Gudensberg im Hessischen ansässig gewesenes Geschlecht, welches einen Theil seiner dortigen Güter von Nassau zu Lehen trug. Sie waren auch henneische Vasallen und Burgmänner in Dillenburg und sind 1585 erloschen.

Wappen: In rothem Schild ein weisser bogenförmiger VI 7,

miger Schrägbalken, besteckt mit drei weissen Lilien. Helm: Flug wie der Schild tingirt. Decken: Roth-weiss.

Elkershausen (Taf. 30).

Die unter diesem Namen vorkommenden Burgmänner von Montabaur scheinen aus dem Geschlecht v. Vilmar zu d z u stammen.

Wappen: Von Roth und Weiss schräggeviert und mit 5 längem schwarzen Turnierkragen belegt.

Elkershausen gen. Klüppel (Taf. 30).

In der Grafschaft Solms, im Nassauischen zu Beilstein, Walldorf Driedorf — A. Herborn — Niederhausen — A. Weilburg —, Wirbelau — A. Runkel — und Ehringshausen — A. Wallmerod — begütertes, seit dem Ende des 13. Jahrhunderts vorkommendes, ritterliches Geschlecht, dessen Mitglieder Burgmänner zu Hadamar und Ganerben zu Reiffenberg waren. Es erlosch mit dem Kaiserl. Obristlieutenant Franz 1726.

Wappen: In rothem Schild drei weisse Beile, welche Hartmud 1296 von drei Rosen begleitet führt. Helm: Eckard führte 1377 ein Mannshaupt, dessen Mütze wie der Schild gezeichnet ist, später erscheint ein rother Mannsrumpf mit Eselsohren, welche ebenfalls wie der Schild tingirt sind. Decken: Roth-weiss.

Elnaffe (Taf. 31).

Unter diesem Namen erscheint ein adeliges Geschlecht von 1256—1391 zu Elnaff — A. Braunerod. —

Wappen: Conrad Ungnade v. Elnaff siegelt 1397 mit einem Adlerflügel.

Englander (Taf. 31).

Ein von 1234—1377 an der Lahn vorkommendes Geschlecht. Aus demselben verkauft Cuno 1356 seinen Dinghoff zu Heuzel — A. Nastätten —, 1377 seinen Hof zu Nassau unter dem Burgberg und die Mühle am Montabaurer Thor nebst einigen Gefällen daselbst.

Wappen: Cuno siegelte 1377 mit einem oben und unten von je drei Lilien begleiteten Schrägbalken, und Wilhelm, Schöffe zu Trier, 1350 mit einer Lilie.

Epstein (Taf. 31).

Die Niederadeligen dieses Namens kommen im gleichnamigen Orte — A Königstein — von 1247—1484 vor. Wappen: Schild von Roth und weiss geviert.

Erlebach (Taf 31).

Den Wappen nach zu urtheilen, gab es drei Geschlechter dieses Namens im Nassauischen und zwar:

1) Das aus Erlaach A lded b. — stammende und dort bis etwa 1570 ansässige Geschlecht v. Erlebach. Dasselbe erscheint 1192 unter der Burgmannschaft zu Eppstein, 1355 im Besitz eines Hofes zu Offheim und scheint dann bald erloschen zu sein.

2) i in seit dem 15 Jahrhundert erwähntes Dietzer Vasalleogeschlecht das im Amt Hadamar verschiedene Trierische Lehen besass und 1442 in der Vogtei Salzbach — A. Höchst — ansässig war.

3) Aus einem dritten Geschlecht dieses Namens wird Eckard der Junge 1407 genannt.

Wappen: ad 1. Im Schild ein Schildchen und über demselben drei Hifthörner. Ad. 2. In Roth eine weisse Gans, ad 3. ein Strumpf.

Erlen (Taf. 31).

Die von den Erlen stammen von dem Erlerhof im Amt Schwalbach, den sie bis zu ihrem Aussterben 1499 als Catzenelnbogisches Lehn besassen. 1540 waren sie von Trier mit Hof und Garten im Thal der Burg Nassau und 1455 mit Manngeldern zu Montabaur beliehen. Auch zu Ottheim — A. Hadamar — hatten sie einen Hof und verschiedene Güter in der Grafschaft Catzenelnbogen.

Wappen: Im Schild ein Ankerkreuz, doch schrägt Rembóldt, Burgmann zu Stolzenfels mit einem Schrägbalken in einem mit Schindeln bestreuten Felde und auf einem Epitaph von 1484 erscheint als Wappen ein rother Balken in Weiss.

Erthal (Taf. 31).

Dieses uralte fränkische Geschlecht, welches 1805 erlosch, war seit 1770 im Besitz der Brömserburg zu Rüdesheim.

Wappen: Geviert von roth und blau; im 1. und 4. Felde zwei weisse Balken, 3. und 4. leer. Helm: gekrönt. Zwei nach Analogie des Schildes gezeichnete Hörner. Decken: Roth-Weiss.

Esch (Taf. 31).

Nicht zu verwechseln mit den vielen anderen Geschlechtern dieses Namens sind die nassauischen v. Esch, welche nach denen von Irmtraund den Hof Langenweisen — A. Wallmerod — besassen und 1685 die Vogtei Weidenhahn — A. Wallmerod — kauften. Martin v. E. war 1507 Keller zu Hadamar und führte als

Wappen: einen Eschenzweig im Schild und auf dem Helm.

Eschbach (Taf. 32).

Die von Eschbach treten 1452 in Weisskirchen — A. Königstein — auf, wo sie zwei Hufen Landes von Fulda zu Lehen hatten. Johann v. Eschbach war 1512—13 Schultheiss zu Lorch — A. Rüdesheim —.

Wappen: in Weiss ein schwarzer schräger Wellenbalken.

Essleben (Taf. 32).

Die von Essleben waren mit dem Kirchensatz und Zehnten zu Ehrenbach — A. Idstein — beliehen.

Wappen: Der Ob-Wachtmeister S. H. von Essleben siegelt 1680 mit einem Henkeltopf.

Felsberg (Taf. 32).

Ein aus Felsberg bei Fritzlar in Hessen stammendes Geschlecht das 1490 mit Craft v. F. erlosch. Dieser verkaufte 1463 seine Besitzungen im Gericht Eberesbach, zu Elbelshausen — A. Dillenburg — Dillenburg, Siegen, im Heisgen, im Gericht Breidenbach und Lipfeld.

Wappen: in einem 4 oder 8 mal getheiltem Schild ein Schrägbalken.

Finch von Schwarzenberg (Taf. 32).

Hessisches im Anfang des 17 Jahrhunderts erloschenes Geschlecht, welches von Nassau Haus und Hof an der unteren Pforte zu Dillenburg zu Lehen trug, dieselben aber 1526 gegen einen Hof und Gefälle in Camberg — A. Idstein — abtrat.

Wappen: In schwarz zwei gelbe Balken. Helm: Flug, wie der Schild tingirt, und mit weissen Rosen bestreckt. Decken: Schwarz-Gelb. Abweichend kommt der Schild auch von Schwarz und Gelb 5 mal getheilt vor

und der Flug ohne die Rosen. Siebmacher giebt einen gespaltenen Schild, rechts von gelb und schwarz, links von schwarz und gelb je 4 mal getheilt, ebenso den Flug.

Flemming von Hansem (Taf. 32).

Besassen als des Gerichts Pachingen — A. Dietz — und verkauften dasselbe 1480 an die v. Mudersbach.

Wappen: Heinrich F. v. H. siegelt 1696 mit drei flachen Sparren.

Frauenstein (Taf. 32).

Nach der von Frowin v. Schierstein zu Anfang des 13. Jahrhunderts erbauten Burg Frowinstein — A. Wiesbaden — nannten sich dessen Nachkommen v. Frauenstein. Sie theilten sich in zwei Linien, von denen die jüngere das Erbhofmarschallamt von Mainz bekleidete und sich daher Marschall v. F. nannte. Um 1580 erlosch das ganze Geschlecht, welches in Bärstadt — A. Schwalbach - Dotzheim — A. Wiesbaden — Igstadt - A. Hochheim — und Wörrslorf — A. Idstein — sowie auch bei Coblenz begütert war.

Wappen: Der Schild kommt 1286 getheilt vor, in der unteren Hälfte Hermelin, später führt die ältere Linie den Schild getheilt, die jüngere mit einem Turnierkragen in der oberen Hälfte, und Marquardt v. F. auf der Theilungslinie drei Vögel, auf dem Helm ein wie der Schild tingirtes Schirmbrett.

Freyendietz (Taf. 33).

Stammen aus Freiendietz bei Dietz und kommen von 1344—1403 vor. Sie waren zu Freiendietz und im Kirchspiel Hundsangen — A. Wallmerod — ansässig.

Wappen: Sie siegelten mit einem schreitenden Löwen.

Frendorf (Taf. 33).

Stammen aus dem jetzt verschwundenem Dorfe gleichen Namens im Amt Usingen und kommen von 1326—1409 vor. Sie waren begütert zu Hanstätten — A. Dietz — Burgmänner zu Neuweilnau, Ganerben zu Reifenberg und Vasallen der Grafschaft Dietz.

Wappen: Sie siegelten mit einer Gans.

Frecht (Taf. 33).

Ein aus Frecht bei Nassau stammendes Geschlecht, das im 14. Jahrhundert von dort nach Andernach zog und hier unter den Schöffen zuletzt 1574 erwähnt wird.

Wappen: Im Schild drei Wolfsangeln mit leerem Schildeshaupt.

Fürstenberg (Taf. 33).

Das Mainzische 1527 in Frankfurt erloschene Geschlecht von Fürstenberg gelangte im 15. Jahrhundert in den Besitz der Burg Frauenstein — A. Wiesbaden —.

Wappen: In Gelb ein schwarzer Balken, von drei rothen blau gekrönten Leopardenköpfen begleitet.

Gebershagen (Taf. 33).

Die v. Gebershagen (Gebertshain, Geverthan etc.) kommen mit Anfang des 13. Jahrhunderts vor und theilten sich in die Linien zu Lützenrode und zu Kottenrode. Das Geschlecht erlosch im 16. Jahrhundert. 1270 wird dasselbe unter der Burgmannschaft zu Westerburg genannt. Gerlach schenkt um 1272 dem Kloster Marienstatt Güter zu Dorchheim — A. Hadamar —. Das Stammburg lag bei Altenkirchen, in welcher Gegend sie ausserdem mehrere Lehne besassen.

Wappen: Drei weisse schräg gestellte Rauten in rothem Felde, die am 1480 ohne Beizeichen. 1808 von Kreuzchen besetzt, gewöhnlich aber in einem mit gelben Lilien bestreutem Felde vorkommen. Helm Flug wie der Schild tingirt.

Gerendorf (Taf. 33).

Ein am 1475 erloschenes nassauisches Vasallengeschlecht, welches zu Dreiteheld - A. Herborn - ansässig und dort von Nassau belehnt war
Wappen: Godebart siegelt 1453 mit einer Rose.

Geroldstein (Taf. 33).

Die v. Geroldstein (früher Gerhardstein) stammen von der gleichnamigen Burg im Amt L. Schwalbach, wo sie von 1170 1573 vorkommen. Sie hatten ausgedehnte Besitzungen, namentlich im Amt Nastätten zu Diethard, Weidenbach, Mettert, Oberfischbach, aber auch im Rheingau und in den jetzigen Aemtern Wiesbaden, Schwalbach und Braubach. Burgsässner waren sie auf fast allen rheingauischen Burgen. Ihr Erbbegräbnis war zu Eberbach.
Wappen In Weiss ein rothes Schildchen. Helm: Weisser mit dem rothen Schildchen belegter Köcher mit und ohne schwarzen Federbusch. Auch von diesem Geschlecht führten einige Mitglieder einer Turnierkragen.

Geysmar (Taf. 33).

Aus dem Dorfe Geysmar bei Siegburg stammende Geschlecht, welches zuletzt 1459 erwähnt wird. Es hatte als Hartenfelser Burglehen Gefälle zu Montabaur und mit den von Helfenstein zusammen die Vogtei Ober- und Nieder-Rossbach - A. Hachenburg.
Wappen: Im Schild zwei geschachte Balken, die sich auf dem Helmschmuck - zwei Hörnern - wiederholen.

Glimmendal (Taf. 34).

Von dem Burgsitz Glimmendal bei Neudorf - A. Eltville - stammt ein weit verzweigtes Geschlecht, das von 1226 - 1429 in Urkunden auftritt. Die verschiedenen Aeste erscheinen unter den Namen v. Ullimme, Rose v. Glimme und Heppe v. Glimme Seit der Mitte des 13. Jahrh. aber nannten sie sich v. Ullmmendal. Begütert waren sie namentlich zu Mensfelden, Staffel, Oberbausen, Hundsangen, Mentorsmühle, Krbach, Holbach, Dabach, Etarisdorf und Oladorf in der Grafschaft Dietz.
Wappen: In weiss ein rothes Schildchen. Helm weisser Flug belegt mit dem Schildchen Einzelne Linien führten Beizeichen, namentlich die Rose eine Rose im rechten Obereck, die Heppe das Schildchen von drei Löwen begleitet. Ferner kommen vor im rechten Obereck eine Lilie, die sich auch bei Flug wiederholt oder eine gelbe Krone. Endlich siegeln Johann v. Glymendacl 1394 und Wilhelm 1406 mit einer Rose.

Heppenheft (Taf. 34).

Von Weisel - A. St. Goarshausen - nannte sich schon 1067 ein allem Anscheine nach ursprünglich zum hohem Adel gehörendes Geschlecht, das bis 1190 unter diesem Namen vorkommt, seitdem aber sich von der bei Weisel erbauten Burg Heppenheft nannte. Dasselbe war im Rheingau und im Dietz'schen reich begütert und erlosch gegen das Ende des 15. Jahrhunderts. Es theilte sich in viele Linien, die sich meistens von anderen Besitzungen, namentlich von der Burg Rheinberg, mit deren Hälfte sie 1265 belehnt wurden, nannten. (Siehe die folgenden Artikel).
Wappen: In weiss ein rother Balken, der später von einer oder auch von drei rothen Heppen Schnittmesser begleitet vorkommt.

Heppe von Heppenheft (Taf. 34).

Ein seit 1287 vorkommender Zweig des vorgenannten Geschlechts, welches bis 1365 die Vogtei zu Weyer - A. St. Goarshausen - inne hatte und in demselben Jahre sein Gut daselbst an Trier verkaufte.
Wappen: Wilhelm siegelt 1768 mit einem Balken.

Heppe von Rheinberg (Taf. 34).

Ein ebenfalls aus dem von Heppenheft entsprossener Zweig, der im Rheingau vielfache Besitzungen hatte, sich von seinem Burglehen auf Rheinberg - A. Rüdesheim nannte und im (5. Jahrhundert erlosch.
Wappen: In weiss ein grüner Balken. Im rechten Obereck von einem rothen wachsenden Mond begleitet.
Helm: Zwei weisse Hörner mit grünen Binden.

Grans von Rheinberg (Taf. 34).

Auch dieses Geschlecht dürfte von den Heppenheft abstammen, da dasselbe nicht etwa von der 1409 erkauften Burg Heppenheft das Wappen angenommen hat. Dieses führt vielmehr schon Simon 1364. Auf der Burg Rheinberg ·· p. v. A. - besass er 1374 einen Anth-il, sowie ferner Güter bei St. Goarshausen und einen Burgsitz zu ..orch, wo es im 15. Jahrhundert erlosch.
Wappen: Im Schild ein Balken, über demselben drei Heppen

Grans von Caub (Taf. 35).

Sie kommen 1365 in Caub vor, sind ein Zweig der Grans v. Rheinberg und führten deren
Wappen: Im Schild ein Balken oben von drei Heppen begleitet

Greifenklau (Taf. 35).

Die Greifenklau zu Vollraths führten diesen Namen von ihrer im Amt Rüdesheim gelegenen Burg Vollraths. Sie waren im Rheingau und auf dem Eigerich begütert. Sie scheinen mit der v. Dalberg eines Stammes zu sein, waren Erbtischmeister von Mainz, wurden 1664 gefreit und erloschen 1860. (Vergl. den Adel der Herzogthums Nassau
Wappen Embricho de Greifenclauwe siegelt 1271 mit dem Dalburgschen Schild, nämlich mit Lilien bestreut mit leerem Schildeshaupt. Seine Nachkommen aber führten in einem von weiss und blas getheilten Schild ein gelbes Gitterwerk. Helm: Eine gelbe Greifenklaue mit schwarzen Gefieder, das oben mit einer Balbe blauer und weisser Straussenfedern besteckt ist. Decken: Blau-Weiss. Seit 1609 wurde dieses Stammwappen geviert mit dem angeheiratheten von Ippelbrun, in schwarz ein weisser Schrägbalken.

Grenzau (Taf. 35).

Dieses Geschlecht stammt von der im Amt Selters gelegenen Burg Grenzau, und kommt von 1215 bis 1416 vor. Dasselbe erwarb 1380 die Burg Dernbach - A. Montabaur - und besass auch einen Lehnhof zu Dern - A. Limburg -.
Wappen: In Roth drei weisse Wecken, welche als Helmschmuck auf zwei rothen Adlerflügeln wiederholt sind. 1372 erscheint als Helmschmuck ein Hut mit zwei Flügeln und dazwischen eine bogenförmliche Figur.

Greuzau, Schnelm von (Taf. 35).

Nicht verwandt mit dem vorigen Geschlecht sind die Schnelse v. Greuzau, welche von 1440–1566 vorkommen. Sie stammen aus Greuzau – A. Selters und hatten von Westerburg verschiedene Gefälle, unter anderem zu Caub zu Lehen, 1440 verkauften sie ihren Antheil an einem Hofe zu Kirchähr – A. Montabaur. – Wappen: In einem von blau und weiss viermal gespaltenem Schilde ein rother Wechselzinnenbalken. Helm: Pfauenwedel.

Grodian (Taf. 35).

Reinhard v. Grodian's Wittwe verkauft 1561 den Sehalgarten zu Wiesbaden, und Hans Walther v. G. 1609 seine gefreite adelige Behausung und Güter zu Wiesbaden.
Wappen: Im Schild ein löwenrumpf. Helm: Wachsender Mann, der in der Rechten einen ausgerissenen Baum hält, oder im Schild ein Pferderumpf und auf dem Helm der Mann einen Pfeil haltend.

Grörod (Taf. 35).

Die Grörod, auch Grünrod genannt, stammen von dem seit 1329 bekannten Rittersitz Grorod bei Frauenstein – A. Wiesbaden. Sie erloschen 1650. Ihre grossen Besitzungen lagen zumeist im Rheingau, doch auch in den Aemtern Nassau, Idstein und Wehen besassen sie Liebgüter.
Wappen: In schwarz ein gelber Balken, oben von zwei, unten von einer gelben Kugel begleitet. Helm: Schwarzer Mann, eine weisse Hochhaube tragend. Decken: Schwarz-gelb.

Guntheim (Taf. 35).

Stammen von dem bei Worms gelegenen Dorfe Guntheim, und erwarben 1421 die Vogtei Oberemsen – A. Dietz –, welche sie aber 1424 wieder verkauften. Sie starben in der zweiten Hälfte des 16. Jahrhunderts aus.
Wappen: In rothem mit gelben Schindeln bestreutem Felde eine gelbe aus dem linken Obereck wachsende Vogelkralle. Helm: Rother Hut mit Stulp von Hermelin und geschmückt mit einem Pfauenwedel.

Halter von Esch (Taf. 35).

Kommen 1342 im Amt Kirberg und 1384 vor.
Wappen: Ein aus dem linken Obereck wachsender, einen Ring haltender Arm.

Mattenheim (Taf. 35).

Ein schon 1118 urkundlich erwähntes Geschlecht, dessen Stammburg im gleichnamigen Dorfe – A. Eltville – liegt. Es erlosch nach 1411.
Wappen: In gelb ein roth und weiss geviertetes Kreuz. Helm: Brackenrumpf.

Hadamar I. (Taf. 36).

Stammen aus dem gleichnamigen Ort und kommen daselbst von 1216 bis kurz vor ihrem Erlöschen um 1605 vor. Sie besassen einen Hof zu Salz – A. Walmerod – und Güter zu Els – A. Hadamar – Hundsangen und Weltersburg – A. Wallmerod –. Auf dieser Burg waren sie auch Burgmänner. An dem Hubengericht zu Weidenhau – A. Walmerod – hatten sie 1545 einen Antheil.
Wappen: Weisser Adler in blau, vielfach mit einem Turnierkragen belegt, oder von schwarz überhöht. Helm: 1315 fünf Straussenfedern, Ende des 14. Jahrhunderts auf einem Hut ein Adler zwischen zwei Pfauenwedeln,

oder zwischen Flug, um 1600 auf der Hut mit den beiden Pfauenwedeln.

Hadamar II. (Taf. 36).

Ein mit dem vorigen wohl kaum stammverwandtes Geschlecht, dessen Ursprung aber auch in Hadamar zu suchen, kommt seit 1554 vor und erscheint um 1500 als Schöffengeschlecht in Andernach.
Wappen: Es führte 1554 den Schild schräggeviert, 1500 aber geviertet. Helm: 1500 Flug.

Hane (Taf. 36).

Aus diesem Geschlecht wird zuerst Friedrich erwähnt, welcher am 1239 das Nonnenkloster und nachherige Fräuleinstift Keppel im Siegenschen stiftete. Es erlosch vor 1500. Es gehörte zur Burgmannschaft von Herborn und war ansässig in Gontersdorf, Herborn, Ballersbach, Schönbach, Guntersbain – A. Herborn – sowie in Dillenburgschen, im Gericht Selbach und im besalischen Amt Blankenstein.
Wappen: Im Siegel von 1835 zwei Balken in einem mit 7 Kreuzchen bestreuten Schilde.

Hattenrode (Taf. 36).

Stammen aus Niederhattert – A. Hachenburg, – wo sie noch 1545 ihren Burgsitz hatten. Um diese Zeit besassen sie auch das Hubengericht zu Weidenhau und Höfe zu Ober- und Niederhain und Elbingen – A. Walmerod.
Wappen: In dem Siegeln des 15. Jahrhunderts erscheinen drei bald als Kreuze, bald als Nägel, bald als Dolche angesprochene Figuren; Johann führt 1528 zwei gekreuzte Schwerter.

Hattstein (Taf. 36).

Ein altes rheinisches Rittergeschlecht, das aus dem Hause Reiffenberg stammt und bis 1767 blühte. Seine von Hatto v. Reiffenberg im Anfang des 11 Jahrhunderts erbaute Burg Hattstein lag im Amt Usingen, wo dasselbe ganz bedeutende Besitzungen hatte.
Wappen: Ein von roth und weiss 5 fach oder von weiss und roth sechs fach schräg getheilter Schild. Helm: Flug nach Art des Schildes tingirt. Decken: roth-weiss.

Hausen (Taf. 37).

Unter diesem Namen erscheint um 1500 ein Geschlecht, aus welchem Adam v. H. Burgmann und Schultheiss zu Westerburg mit dem Bottenbachschen Burgsitz unter der Kirche, sowie mit Zehnten zu Gersaawen – A. Rennerod – belehnt wurde.
Wappen: Es führte im gespaltenem Schilde rechts drei Sterne 1. 1. 1. links einen wachsenden Mond.

Haiger (Taf. 37).

Stammen von der Burg Haiger – A. Dillenburg –, wo sie 1158 auftraten und bis zu ihrem Erlöschen 1511 wohnhaft waren. Wie die Burg, so waren auch ihre Güter allodial, doch trugen sie dieselben Nassau resp. Trier zu Lehen auf, 1328 verkauften sie ihre Rechte im Gericht Haiger an Nassau. Die v. H gehörten zu den ältesten und reichsten Geschlechtern in Nassau. Ihre Güter lagen grösstentheils im Dillenburgschen, doch auch in den Herrschaften Beilstein, Solms, Runkel und in der Wetterau.
Wappen: Im Schild drei Herzen im Dreipass und auf dem Helm zwischen einem Flug der Schild. Statt der Herzen zeigen die älteren Siegel, namentlich von

Hartrad 1337, und von Eberhard um dieselbe Zeit Sechblatter. Letzterer führt ausserdem, einen Turnierkragen.

Meifenberg (Taf. 37).

Ein hessisches Geschlecht, das im Anfang des 14. Jahrh. die Vogtei Eibelshausen — A. Dillenburg — von Nassau zu Lehen trug.
Wappen: Im Schild ein Mauieranker, 1292 schräg ge-stellt, 1326 liegend.

Heppenberg (Taf. 37).

Die Heppenberg erscheinen 1301 als Raubeische Vasallen zu Ehoff — A. Bemersd —, wo sie bis zu ihrem Erlöschen 1590 ansässig blieben. 1558 kauften sie den Borgsitz zu Schönbach — A. Herborn und waren ausserdem im Hadamarschen begütert
Wappen: Zwei gekreuzte Hacken. Helm: Manns-rumpf

Herschbach (Taf. 37).

Stammen aus Herschbach — A. Selters — und theilten sich in zwei Zweige, von denen die Winter v. Herschbach seit 1247, die v. Herschbach seit 1300 vorkommen. Gegen Ende des 15. Jahrh. waren beide erloschen. Die W. v. H. waren Burgmänner zu Montabaur, und mit der Vogtei Weidenhan — A. Walmerod — 1476 belehnt; die v. H. waren Burgmänner zu Hartenfels und im Gericht Kirberg angesessen.
Wappen: Zwei schwarze Balken in weiss, welche von verschiedenen Mitgliedern beider Stämme mit Sternen, von Borich W. v H. 1387 mit Scheiben belegt geführt werden. Ein Borich v. Herbabach siegelt 1368 mit zwei Schräglinken in der rechten unteren Schild-hälfte, im rechten und linken Obereck je von einem Stern begleitet. Ob das Siegel eines B. v Horispach, Burgmann zu Hartenfels mit dem Ankerkreuz hierhin gehört?

Herschbach — Betram oder Breder v. (Taf. 38)

Ein von dem vorigen wahrscheinlich verschiedenes, jedoch auch aus Herschbach — A. Selters — stammendes und unter der Burgmannschaft zu Hartenfels vorkommendes Geschlecht, das nach 1500 erlosch.
Wappen: Wilhelm führt 1508 einen wagerecht liegenden Eichenzweig mit Eicheln und auf dem Helm einen Flug, ein anderer Wilhelm 1530 einen schräg-liegenden Zweig ohne Früchte, der sich dicht belaubt auf dem Helme wiederholt oder sollen es Hahnenfedern sein?).

Hersdorf (Taf. 38)

Ein im 14. und in der ersten Hälfte des 15. Jahrh. vorkommendes Geschlecht, das von dem gleichnamigen Dorfe bei Schöneeken in der Eifel stammt und zur Burgmannschaft auf Montabaur gehörte.
Wappen: Im Schild fünf Ringe.
Helm: 1444 rundes mit drei Ringen belegtes Schirmbrett; 1457 Pfauenwedel in einem mit drei Ringen belegtem Köcher

Hess (Taf. 38).

Die v. der Hese oder Hess zur Hess stammen von dem gleichnamigen Burgsitz im Siegenschen, wo sie stark Legutert waren. Von 1427—1458 erscheinen sie unter der Burgmannschaft von Wiesbaden, auch hatten sie verschiedene Lehen von Nassau. Sie sollen um 1750 nach andern im Anfang des 19. Jahrhunderts ausgestorben sein.

VI. 7.

Wappen: In Roth ein weisser Balken, oben von zwei weissen Mühleisen begleitet
Helm: Zwischen zwei mit weissen Binden gezierten rothen Hörnern der Schild.
Decken: Roth-weiss

Henchelheim (Taf. 38).

Die v Henchelheim oder v. Hochelheim stammen aus dem gleichnamigen Ort im Amt Hadamar. Sie waren Burgmänner zu Hartenfels und besassen einen Hof zu Montabaur sowie seit 1401 als Darglehn einen Hof zu Gernsbach — A. Hadamar —. Das Geschlecht scheint vor 1500 erloschen zu sein.
Wappen: Die Siegel zeigen zwei oben gekrönte Pfale, 14 .. von einem Turnierkragen begleitet, oder drei Pfäle mit Schildeshaupt, welches mit Schindeln bestreut ist. Ein gemaltes Wappen zeigt einen blauen Balken in gelbem Felde, ober demselben blaue Schindeln, unter demselben drei rothe Pfäle.
Helm: Blauer Balken auf gelbem mit blauen Schindeln bestreutem Flug
Decken: blau-gelb.

v. Heyde (Taf. 38).

Im Nassauischen kommen im 14. und 15. Jahrh. zwei Familien v oder v. d. Heyde/Heiden, vor, die eine mit dem Beinamen Hubelsberg, die andere zu Schönstein. Letztere stammt aus dem Siegenschen. Dieser scheint der Hof Ramstatt — A. Weben — gehört zu haben, während die Besitzungen zu Manderbach — A. Dillenburg — und zu Gnatersdorf — A. Herborn — den v. H. gen. Hobelsberg gewesen zu sein scheint
Wappen: Die Heyden Schönstein führten im Schildeshaupt drei Ringe; die Heyde gen. Hobelsberg einen getheilten Schild, dessen obere Hälfte durch einen Zinnenschnitt noch einmal getheilt ist.

Hirschhorn (Taf. 38).

Altes rheinisches 1632 erloschenes Geschlecht, das 1384 unter den Ganerben zu Reifenberg genannt wird.
Wappen: In gelb eine rothe Hirschstange.
Helm: gekrönt; Hirschgeweih, rechte Stange roth, linke gelb.
Decken: Roth-gelb.

Hömberg I. (Taf. 39).

Stammen aus Hömberg — A. Nassau —, waren Burgmänner zu Hadamar und in dortiger Gegend, namentlich zu Fasibach schon 1320 ansässig 1419 erhten sie das Vogteigericht zu Niederzeisenbach und Wormsiche Lehengüter zu Offheim — A. Hadamar —. Auch zu Dietz, Rheinfels und Eppstein (schon 1192) waren sie Burgmänner und starben 1580 aus
Wappen: Hans und Diether siegeln 1440 mit zwei gekreuzten Schwerdtern, die sich auf dem Helm zwischen zwei Hörnern wiederholen.

Hömberg II. (Taf. 39).

Ein zweites seit 1340 in Urkunden erscheinendes Geschlecht dieses Namens, welches 1552 erlosch, war ebenfalls in Hömberg und Fasibach, sowie auf Hadamar ansässig.
Wappen: Werner siegelt 1346 mit einem fünfmal getheilten Schild; Johann führt 1440 einen sechsmal getheilten Schild und auf dem Helm zwei Hörner

Mohenwesel (Taf. 39).

Ein Wetterauisches Geschlecht, das seit dem 15. Jahrhundert auch im nassauischen, namentlich im Rheingau begütert war und 1564 erlosch. 1429 besass es Burg und Dorf Gräveneck — A. Weilburg —, 1484 Höfe zu Esch und Niederems — A. Idstein —, Seit 1456 mit Dorf und Gerichtsbarkeit zu Stephanshausen — A. Rüdesheim — belehnt, dehnte es hier seinen Besitz immer weiter aus.

Wappen: Schwarz mit gelbem, durch Zickzacklinie abgetheiltem, Schildeshaupt. Der Schild ist meistens mit gelben Kreuzchen bestreut. (Vergl. den Art. „Stockheim").

Helm: Flug wie der Schild tingirt
Decken: schwarz-gelb.

Hofbach (Taf. 39).

Die v. Hollbach, welche seit 1235 unter der Burgmannschaft zu Montabaur erscheinen, besassen Güter zu Grossbolhach — A. Wallmerod —, wo sie bis 1490 vorkommen. Ein Zweig war in Gundorf an der Mosel angesessen und nannte sich von Guntreve gen. von Hollbach.

Wappen: In gelb ein rother Pfal.
Helm: Zwei Hörner, deren Farben unbekannt

Moldinghausen (Taf. 39).

Stammen von der gleichnamigen Burg im Siegenschen, von wo aus sie sich nach Westphalen und nach Nassau ausdehnten 1551-1655 besassen sie den Burgsitz in Niederhattert — A. Hachenberg — und bis 1605 den Rittersitz Lötzelaus ebenda. Um diese Zeit starben sie aus.

Wappen: Schild getheilt, oben in gelb ein rother Pfal, unten blau.
Helm: Rother Drachenhals, dessen Krone mit 5 Straussenfedern r b. g. b. r. geschmückt ist.

Holzappel v. Fetzberg (Taf. 39).

Stammen aus dem Dorfe Fetzberg in der Wetterau. Sie kommen ursprünglich unter beiden Namen Holzappel und v. Voitsberg, später nur als H. v. F. vor. Sie waren Burgmänner zu Herborn und ansässig zu Langendernbach, Gersbach und Oberneuzheim — A. Hadamar — sowie auch zu Salz in der Grafschaft Dietz ansässig. Sie schehnen sich bereits früh in zwei Linien getheilt zu haben, von denen sich eine v. Westerburg nannte und bald nach 1550 ausgestorben zu sein scheint. (Vergl. Krieg v. V.).

Wappen: Albrecht H. v. Westerburg siegelt 1350 mit drei im Dreipass gestellten Seeblättern, oben von einem Stern begleitet, während Heydenricus de Voitsberg 1333 und Johann H. v. V. 1386 mit drei Seeblättern siegeln. Später erscheint der blaue Schild gevierst. In jedem Viertel die weissen Seeblätter, I u. IV von einem gelben Stern, II u. III von einer gelben Krone begleitet.

Helm: blauer Flug, rechts mit dem Bilde des 1., links mit dem des 2. Feldes belegt.

Horvau (Taf. 39).

Stammen aus dem gleichnamigen Ort im Amt Königstein, kommen 1404 vor und halten zu Hoffstrich — A. Idstein — Lehnsgefälle.

Wappen: Eine gelbe eingebogene Spitze in roth, rechts und links von je einem weissen Stern begleitet.
Helm: Rother Hut mit gelbem Aufschlag und mit Hahnenfedern geschmückt.

Hundsangen (Taf. 39).

Stammen aus dem gleichnamigen Orte im Amt Wall-

merod und kommen 1335-1374 vor. Auch im Hadamarschen waren sie begütert.

Wappen: Craft siegelt 1364 mit einem schräggestellten Schwerdt.

Hohenstein (Taf. 40).

Scheinen von der v. Laufenselden, die von den Grafen v. Catzenelnbogen auf Burg Hohenstein — A. L. Schwalbach — als erste Burgmannen eingesetzt waren, abzustammen. Unter dem Namen Hohenstein kommen sie seit 1240 vor. Sie besassen bedeutende Allodial- und Lehngüter in den Aemtern Schwalbach, Wehen, Dietz und Hadamar und im Rheingau. Sie erloschen 1586.

Wappen: 1338 ein Schildchen, umgeben von einem nesselblattähnlichen Beschlag; 1434 ein Schildchen, begleitet im linken Obereck von einer Rose. Helm: Hut mit Hahnenfedern

1540 in Weiss durothes Schildchen, begleitet im rechten Obereck von einer schwarzen Rose. Helm: Hut mit drei Pfauenfedern

Hohenstein — Bern v. (Taf. 40).

Anscheinend eine Seitenlinie der vorigen.
Wappen: In Weiss ein rothes Schildchen, über demselben ein blauer Turnierkragen.

Helm: Hut, dessen Krempe mit einem rothen Schildchen belegt und der mit Hahnenfedern geschmückt ist.

Hohenstein — Breder v. (Taf. 40).

Ein Ast der v. Hohenstein und wie diese namentlich im Amt Schwalbach und im Rheingau reich begütert. Sie kommen 1358 auf der unter Hohenstein gelegenen Berg Greifenstein vor und starben 1605 aus.

Wappen: In Weiss ein rothes Schildchen, über demselben ein blauer Turnierkragen. Niclas führt 1445 in dem Schildchen noch einen Balken.

Helm: Hut in verschiedener Form geschmückt mit Hahnenfedern, oder Pfauenfedern, oder auch Pfauenwedel ohne Hut. Später erscheint zwischen einem Flug ein Knäblein.

Hohenstein — Hube v. (Taf. 40).

Dem Wappen nach ein von den vorigen durchaus verschiedenes Geschlecht, obgleich sie aus derselben Gegend stammen und den Beinamen von derselben Burg tragen. Sie waren Burgmänner auf Adolfseck — A. Schwalbach — Hohenstein und zu Limburg, wo sie auch Besitzungen hatten. Ferner gehörte ihnen die Vogtei Breithard — A. Wehen — bis 1429 und ein Hof zu Kirberg — A. Hadamar — Auch im Rheingau waren sie begütert und starben vor 1500 aus.

Wappen: Im Schild ein Sparren.

Mundlingen (Taf. 40).

Ein Luxemburgisches Geschlecht, aus dem Philipp 1508 das Dorf Espenschied — A. Rüdesheim — mit der nahe gelegenen kleinen Burg Laeckenmühl erkaufte.
Wappen: Im Schild ein Ankerkreuz.
Helm: Windspielrumpf.

Hun von Ellarshausen (Taf. 41).

Elisabeth v. Hun, Wittwe von Dorn vergleicht sich mit dem Grafen Johann von Nassau-Catzenelnbogen dem Aelteren bezüglich der Allodien der Familie Hun von Ellarshausen nach deren kürzlich erfolgten Ableben zu Dillenburg am 2. August 1588.

Wappen: Ihr Siegel zeigt im Schild ein Huhn, nach Siebmacher weiss in roth, auf dem Helm zwei Hörner.

Haugrichhausen (Taf. 41).

Ein in Hadamar Ende des 17 Jahrhunderts vorkommendes Geschlecht.

Wappen 1679 im Schild an der Herzstelle ein Herz, in den beiden oberen Ecken je ein Stern. In den beiden unteren je eine Rose. Helm: Flug belegt mit den beiden Sternen oben und mit den beiden Rosen unten. 1699. Im rechten Ober- und linken Untereck ein Stern, in den beiden andern eine Rose; der Flug in gleicherweise belegt. Das Grabmal des Canonicus Alex Friedr. Ludw. v. H. zeigt einen getierten Schild, ¼ eine Rose, ¾ ein Stern. Ohne Helm.

Hanabach (Taf. 41).

Die Hanabach oder Honsbach stammen von dem gleichnamigen Hofe, der bei Fronhausen — A. Dillenburg — lag. Im Dillenburgischen sowie in der Herrschaft Runkel und im Beilsteinischen waren sie begütert. Nach Andern sollen sie aus dem ehemaligen Dorfe Henhart — A. Runkel — stammen und von dort in's Dillenburgische kommen sein. Sie starben 1426 aus.

Wappen: Ihre Siegel zeigen einen Hirschkopf, zwischen dessen Geweih öfter eine Rose erscheint.

Husen (Taf. 41).

Die Husen waren in Bacharach ansässig, hatten aber bis 1272 den Catzenelnbogenschen Haupthof zu Lanfenselten — A. L. Schwalbach — im Pfandbesitz, und von Sponheim bis 1360 Höfe zu Dörsdorf — A. Nastätten — zu Lehen. Um diese Zeit scheint das Geschlecht erloschen zu sein.

Wappen: Schild pallisadenförmig gespalten
Helm: Hut mit Flug.

Igstatt gen. Hattstein (Taf. 41).

Kommen 1385 als Zeugen vor und waren im 15. und 16. Jahrhundert in Hernstadt — A. Wiesbaden — ansässig.

Wappen: Im Schild ein geschachter Balken, unter demselben eine Lilie.
Helm: Zwischen zwei Hörnern ein Kreuz.

Imhof zu Limburg (Taf. 41).

Auch Im Hobe, in dem Hobe und v. d. Hobe, gen. waren im 15. Jahrh. Burgmänner zu Limburg und Haldsinstein, und an dem ersteren Ort, sowie zu Obertiefenbach — A. Runkel —, Elz — A. Hadamar — und Oberneisen — A. Dietz — begütert Sie scheinen zu Anfang des 16. Jahrhunderts erloschen zu sein.

Wappen: Schild dreimal schräg getheilt.
Helm: Flug

Irmtraud (Taf. 41)

Hatten ihren Burgsitz zu Irmtraud — A. Rennerod — und kommen seit 1215 vor. Die Hauptlinie erlosch 1740, nachdem eine seit 1551 vorkommende Seitenlinie, die Vote oder Foyle v. J. bereits früher ausgestorben war. Sie waren Burgmänner zu Westerburg, wo sie im 14. Jahrhundert auch einen Burgsitz hatten, sowie zu Hadamar und zu Mengerskirchen — A. Limburg — wo sie ebenfalls begütert waren. Ferner besassen sie Lehne und Güter zu Ober- und Niederrossbach — A. Rennerod — zu Langwiesen und Westert — A. Wal-

merod — und im Gericht Lahr — A. Hadamar —. Die Vote v. J. waren namentlich zu Langendernbach — A. Hadamar — ansässig.

Wappen: In Weiss ein schwarzer Bock.
Helm: der Rumpf eines solchen.
Decken: Schwarz-Weiss

Jud von Eltville (Taf. 41)

Hatten ihren Sitz in Eltville, wo sie im 15. Jahrhundert vorkommen, und als Lehnleute der Abtei St Maximin bei Trier beträchtliche Güter und Gefälle im Rheingau. 1490 erwarben sie den Antheil der von Mielen an der Burg zu Miehlen — A. Nastätten — und starben 1600 aus.

Wappen: In gelb ein rother Wechselbalken.
Helm: in gleicher Weise tingirter Flug.
Decken: Roth-gelb.

Zum Jungen (Taf. 41).

Altes Mainzer auch in Frankfurt ansässiges Patriziatsgeschlecht, welches zu Anfang des 19. Jahrhunderts erlosch. Dasselbe baute 1391 zu Oestrich — A. Eltville — eine kleine Burg und eine Capelle dabei, und erwarb 1440 von dem Jud v. Eltville einen Theil ihres Hauses zu Hattenheim.

Wappen: In Roth drei weisse Jagdhörner mit gelben Beschlägen und Schnüren.
Helm: Rother Hut mit Hermelin-Aufschlag auf demselben zwei Jagdhörner.
Decken: Weiss-Roth.

Kaldenborn (Taf. 42).

Kommen auf dem Westerwald und namentlich im Amt Marienberg, wo früher der Hof Kaldenborn lag, von 1307—1480 vor. Burgmänner waren sie zu Weilburg und Cleeberg und in dortiger Gegend von Nassau belehnt.

Wappen: Im blauen Schilde mit schwarz-weiss geschachtem Schildeshaupt eine weisse Rose, umgeben von drei gelben Lilien. Johann führt 1460 als Reizeichen einen Turnierkragen.

Helm: Blauer Flug, belegt mit der Rose und den Lilien, oder auch blau mit schwarz-weiss geschachtem Balken, und darunter Rose und Lilien.

Kalsmund (Taf. 42).

Wahrscheinlich von der bei Wetzlar gelegenen Burg Kalsmund stammend, erscheint dieses Geschlecht im 14. Jahrhundert unter der Burgmannschaft zu Neu-Weilnau und unter den Ganerben zu Stockheim — A. Usingen —.

Wappen: Schild getheilt, unten geschacht. Henricus de K. führt im oberen Theil einen dreizinnigen Turnierkragen.

Mindhausen (Taf. 42).

Besassen eine Zeitlang die Burg Scharfenstein — A. Eltville — unter dem Vorgeben, vom Erzbischof Gerhard II. damit belehnt worden zu sein. 1305 aber wurde dieselbe nach Ausspruch eines in Eltville abgehaltenen Manngerichts der Kirche in Mainz als freies Eigenthum zurückgegeben. Das Geschlecht kommt noch 1335 vor.

Wappen: Im Schild drei Rosen, welche sich auf dem Flug und auf einer die beiden Flügel verbindenden Schleife wiederholen.

Kirdorf (Taf. 42).

Die v. Kirdorf oder Kirchdorf stammen aus dem heutigen Kirberg — A. Limburg — und kommen von 1337—1361 als Nassau-Hadamarsche Vasallen zu Hofheim — A. Idstein — vor.

Wappen: Ludwig de K. siegelt 1387 mit einem Balken, Johann führt 1351 aber denselben im linken Obereck einen Stern.

Klingelbach (Taf. 42).

Stammen aus Klingelbach — A. Nastätten —, woselbst sie die Vogtei als Lehn von Schaumburg noch 1615 besassen. Zu Oberfischbach — A. Nastätten — hielten sie ein Hubengericht. Die 1520 ererbte Vogtei über Lierschied — A. St. Goarshausen — verkauften sie 1594.

Wappen: In Weiss eine schwarze Bärentatze, welche aus der unteren Schildecke hervorwächst.

Helm: 1473 ein Baumelaum, sonst Pfauenwedel.

Königstein (Taf. 42).

Im gleichnamigen Orte im Amt Königstein soll ein Geschlecht dieses Namens von 1225-1468 vorkommen. Hiervon ist jedenfalls verschieden: Johann v. Königstein, der 1468 als Theilhaber an einem Burggut zu Löhnberg — A. Weilburg — erscheint, denn dieser wird in Urkunden von 1462 und 1473 Bruder des Philipp v. Stockheim genannt.

Wappen: Er siegelt mit einem Balken, oben von zwei, unten von einer Lilie — oder vielleicht Kreuzchen? — die Siegel sind undeutlich) begleitet.

Kornigel (Taf. 42).

Angeblich aus dem breslauer Geschlecht von Hohenfels stammend, treten die Kornigel im 14. Jahrh. auf und zwar öfter mit dem Beinamen von der Aue oder von Drahe. Sie hielten einen Burgsitz zu Löhnberg — A. Weilburg —.

Wappen: Heinrich siegelt 1389 und 1436 mit einem liegenden Flügel.

Köth von Wanscheid (Taf. 43).

Stammen aus Wanscheid — A. Walmerod —, wo sie zuerst 1219 vorkommen und 1524 einen Hof hatten. Sie waren Vasallen der Grafen von Dietz und von Catzenelnbogen, in beiden Grafschaften begütert und zu Dietz und Burgschwalbach — A. Dietz — Burgmänner, nach dem Aussterben der v. Dietz auch Erbmarschälle der Grafschaft Dietz. Auch zu Hahn und Kettenbach — A. Wehen — waren sie ansässig. Seit der Mitte des 18. Jahrh. nannten sie sich Freiherrn und erloschen um die Mitte des 19. Jahrh.

Wappen: In Schwarz ein weisser Adler.

Helm: Zwischen zwei Pfauenwedeln ein weisser Adlerhals.

Decken: Schwarz-weiss.

Krieg v. Voltsberg (Taf. 43).

Erwin Krieg von Voltsberg besass 1296 ein Westerburgisches Lehen zu Aumenau — A. Hankel —. Er gehört jedenfalls dem Voltzappel-Fetzberg'schen Stamme an. Vergl. d. Art.

Wappen: Drei im Dreipass gestellte Seeblätter.

Langenau (Taf. 43).

Auf ihrem Stammsitz, der Burg Langenau — A. Nassau — kommen sie von 1344-1618 vor. Sie bauten um 1350 Neu-Langenau und die Burg Hohenfels — A. Nastätten —, waren Burgmänner zu Lahneck — A. Braubach —, Laurenburg — A. Dietz — und zu Lindamar. Ferner besassen sie ein Hubengericht zu Bergnassau und ein solches mit den v. Dietz gemeinsam zu Nomborn — A. Walmerod — sowie viele nassauische Lehen und Gefälle.

Wappen: In Roth ein weisser Gebrügbalken, den Daniel 1350 im linken Obereck von einem gelben Ankerkreuz begleitet und Henne 1482 mit einem blauen Turnierkragen belegt führt.

Helm: Zwischen zwei rothen Hörnern ein Palmenzweig? oder ein weisser Tannenzapfen.

Decken: Roth-weiss.

Langenbach (Taf. 43).

Aus Langenbach — A. Hachenburg — entsprossen kommen sie seit 1275 vor und erloschen im Hauptstamm 1654, eine Seitenlinie von L. gen. Saecserod schon um 1615. Sie besassen: den Druckenhof in Kirburg — A. Hachenburg —, die Vogtei Weidenhau — A. Walmerod —, einen Antheil am Hubengericht in Bechtheim — A. Wehen —.

Wappen: Ein weisser schräger Rautenbalken im blauen mit rothen (? Schildchen bestreutem Felde.

Helm: 1554. Flug wie der Schild tingirt. 1613 drei Rauten zwischen zwei Flügeln, die nochmal mit den Rauten belegt sind.

Decken: Blau-weiss.

Laurenburg (Taf. 43).

Waren alte nassauische Burgmänner auf der Laurenburg an der Lahn — A. Dietz — und besassen im 14. Jahrh. einen Hof zu Rödel — A. St. Goarshausen — Dietrich erhält 1847 die ehemaligen Dotzheimschen Lehngüter zu Essenbahn — A. Wehen —.

Wappen: Schild getheilt, untere Hälfte mit Kreuzchen oder Lilien bestreut. Die Theilungslinie ist entweder in der Mitte oder höher, so dass ein Schildeshaupt entsteht. Theoderich v. L., Burggraf zu Cochem an der Mosel, siegelt 1293 mit einem Schrägbalken, und Theodor v. L. Schultheiss zu Boppard 1296 mit einem Schrägbalken in einem mit Schindeln bestreutem Felde.

Laurenburg — Löser von (Taf. 44).

Burgmänner auf Laurenburg — A. Dietz —. Kommen von 1239 bis in's 18. Jahrh. vor. Zu Offheim — A. Hadamar- und Freyendietz — A. Dietz — hatten sie Höfe und waren auch im Cölngerischen begütert. Johann Carl L. v. L. verkauft 1727 ein Gut zu Wiesbaden.

Wappen: In blau drei gelbe Schrägbalken.

Helm: gekrönt. Wachsende blau gekleidete Jungfrau, in jeder Hand eine gelbe Straussenfeder haltend.

Decken: Gelb blau.

Lanstein (Taf. 44).

Die von Lanstein kommen seit 1241 vor, waren Triersche Burgmänner auf Stolzenfels und als solche mit Haus und Hof zu Oberlahnstein belehnt. Sie traten in vielfache Beziehungen zu Cöln und starben vor 1600 aus.

Wappen: Schild getheilt, oben weiss, unten blau mit gelben Kreuzchen oder Lilien bestreut. Die Theilungslinie liegt meistens so hoch, dass ein Schildeshaupt entsteht.

Helm: Zwei Eselsohren oder Hut mit zwei Eselsohren, oder auch Hut mit 2 Federn.

Paul v. Laynstein Wepeling siegelt 1344 mit einer Fisenen, und Hugo gen. Lainstein, Canonich zu St. Castor in Coblenz, 1506 mit einem Ankerkreuz. Beide stammen ebenfalls aus Lahnstein, scheinen aber anderu Geschlechtern anzugehören.

Lanstein — Brenner von (Taf. 44).

Die Brenner sind ein Trier'sches Geschlecht, das sich von seinem Burglehn zu Oberlahnstein v. Lanstein nannte. Sie waren auf dem Einrich und im Catzenelnbogenschen begütert und sollen um 1722 (?) die Erbamtmannschaft auf Schloss Reichenberg, wo Johann schon 1374 Amtmann war, erhalten haben.

Wappen. In Gelb ein rother Schrägbalken, der auch mit weissen Scheibchen belegt vorkommt.

Helm: 1378. Fahnenfedern, später ein Baum.

Launstein — Pletz von (Taf. 44).

Von Niederlahnstein stammendes Geschlecht, aus dem Jacob Pletz v. Lanstein 1552 Amtmann zu Montabaur war.

Wappen. Ein weisser Adler in schwarzem Schild.

Launstein — Schilling und Howe von (Taf. 44).

Stammen aus Niederlahnstein — A Braubach —, wo sie von 1312 bis 1600 vorkommen. Sie waren Burgmänner zu Lahneck und hatten im 15. Jahrh. von den Grafen v. Virneburg Lehen zu Niedernheim, einem ausgegangenen Dorfe im Amt Nastätten und zu Weyer — A St. Goarshausen — Stammverwandt mit ihnen sind die Howe v. Lanstein, welche bis 14. Jahrh. vorkommen und die Huneschwin v. Lanstein, welche bis 1283 zu Braubach ansässig waren.

Wappen: Drei rothe gelb gekrönte Adlerköpfe in weiss.

Helm: Rother weiss aufgeschlagener Hut mit Pfauenwedel.

Die Howe v. L. führten zwischen den Köpfen einen Stern als Beizeichen.

Leimbach (Taf. 45).

Johann von Leimbach wird unter den Burgmannen zu Montabaur erwähnt. Er scheint aus dem Geschlechte der v. Elkerhausen zu stammen und sich nach dem bei Elkerhausen gelegenen Dorfe Leimbach — A. Weilburg genannt zu haben.

Wappen: Zwei schwarze Beile in Weiss.

Lorch von Dirmstein (Taf. 45).

Ein altes rheinisches 1698 erloschenes Geschlecht, welches von Worms 1519 mit dem Zehnten zu Dillhausen — A. Weilburg — und 1520 mit einem Theile von Dornassenheim — A Reichelsheim — beliehen wurde.

Wappen: In Gelb oder in Weiss oben eine Reihe schwarzer Eisenhüte, unten drei schwarze Spitzen.

Helm: Entweder weisser Kübel mit dürren Baumstamm, oder schwarzer Kübel mit weissen Strassfedern.

Decken: Schwarz-weiss oder Schwarz-gelb.

Lesch von Meinheim (Taf. 45).

Ein hessisches Geschlecht, welches sich später Freiherrn Lesch v. Mülheim nannte und erst in diesem Jahrhundert erlosch. Dasselbe besass 1385 Zehnten zu Renerod und Wiesen zu Weldenbach — A. Nastätten — und 1397 Zehnten zu Freiendietz und Birlenbach — A. Dietz —.

Wappen: In Weiss drei rothe Herzen im Dreipass gestellt.

Helm: Weisser Flug belegt mit den Schildesfiguren.

Decken: Roth-weiss.

Liebenstein (Taf. 45).

Als Boland-Sponheimische Vasallen erscheinen sie gleichzeitig mit den Schenck v. Liebenstein 1349 mit der Burg Liebenstein — A. Braubach — beliehen. In

VI. 7.

deren Besitz sie, als diese 1425 erloschen, allein gelangten und bis zu ihrem Aussterben 1657 blieben. Um dieselbe Zeit waren sie je mit der Hälfte des Dorfes Stephanshausen — A. Rödesheim — des Dorfs Osterspay — A. Braubach belehnt und auch zu Miehlen — A. Nastätten — und zu Kestert — A. St. Goarshausen ansässig.

Wappen: In gelb zwei von roth und weiss geschachte Sparren; oder auch in diesen Farben fünfmal gespart. Ritter Simon v. L. führt ausserdem im rechten Obereck einen Vogel.

Helm 1477 sitzender gelber Löwe Seit etwa 1500 derselbe zwischen einem wie der Schild tingirten Flug.

Liebenstein — Schenck von (Taf. 45).

Gleichzeitig mit den v. Liebenstein (s. d.) erscheinen sie 1304 im Besitz der Burg Liebenstein — A. Braubach —. Ausserdem besassen sie Güter zu Camp und Osterspay in demselben Amte. Sie starben 1425 aus.

Wappen: In Weiss drei schwarze Raaten in Form eines Schrägbalkens, oft mit einem rothen Turnierkragen vermehrt.

Helm: Zwischen zwei E elnohren ein Eichenblatt, oder auch ein wie der Schild tingirter Flug.

Liebenstein — Neuheim von (Taf. 45).

Stammen aus dem Dorfe Seabolm bei Zell an der Mosel und erscheinen 1370 mit den v Liebenstein und den Schenck v Liebenstein im Mitbesitz der Burg Liebenstein — A. Braubach —, von welcher sich ein Zweig dieses Geschlechtes nannte, während sich ein anderer Stander v Sennelm schrieb Das Geschlecht erlosch um 1500.

Wappen: Friedrich Ritter, Vogt v. S. führt 1304 in einem Felde von Hermelin drei gekrönte Löwen. Später kommen die Löwen, gekrönt und ungekrönt, schwarz in weiss, und roth in gelb vor.

Helm: Wachsender Löwe zwischen Flug, oder auf einem Hut ein Löwe zwischen zwei je mit einem Löwen belegten Flügeln.

Leyen (Taf. 46).

Stammen von der Burg Leyen bei Bingen an der Nahe; von wo aus sie in manche Beziehung zu Nassau traten. Noch im 17. Jahrhundert waren sie hier begütert, und die Brüder Peter und Johann Meinhardt v. L. kauften 1618 die Selbachschen Güter in Wiesbaden. Vier Brüder wurden 1670 in den Freiherrenstand erhoben; ihre Nachkommen starben 1742 aus.

Wappen: In Schwarz ein weisser, oft abgekürzt vorkommender Sparren. Ausserdem führten Emericho 1345 im linken Obereck einen Pfeil, Philipp 1346 im linken und Henne 1393 im rechten Obereck einen Strahl. Ferner führten 1523 Enolf eine Glievenspitze im rechten, und Jorge einen Stern im linken Obereck. Auf dem Helm führten in demselben Jahre Philipp Falygen v. L. einen spitzen Hut. Friedrich Falysen einen Flug und den Helm gekrönt, und Ulrich und Philipp eine weisse mit schwarzen Federn geschmückte Kugel und den Schild mit Schindeln bestreut. Bei der Erhebung in den Freiherrenstand soll das Wappen vermehrt werden sein und zwar 1 u 4 in gelb ein schwarzer Adler, 2. u. 3. in schwarz ein gelber Löwe. Mittelschild Stammwappen.

Limburg (Taf. 46).

Die Niederadligen dieses Namens stammen aus der Stadt Limburg a. d. Lahn, wo sie von 1194—1364 vor-

8

kommen. Sie waren Burgmänner auf Balduinstein und Westerburg und Lehnleute des Stifts Gemünden.

Wappen: Peter führt 1319 einen weissen Löwen im blauen Felde, im rechten Obereck ein weisses Kreuzchen; Everhard und Kraft siegeln 1340 mit einem gekrönten Löwen, und Peter hat 1341 das Feld mit weissen Schindeln bestreut.

Löwenstein (Taf. 47.)

Stammen von der gleichnamigen Burg an der Alsenz in der bairischen Rheinpfalz und erloschen 1604. Sie erhielten nach dem Ableben der Waldboten von Waldmannshausen 1472 deren Besitzungen im Amte Hadamar nebst dem Waldbotenamte. Lehne besassen sie zu Dorchheim, Frickhofen, Langendernbach — A. Hadamar — und zu Rennerod, Gemünden und Hübbingen — A. Rennerod —. Auch werden sie 1524 unter den Ganerben zu Brüffenberg erwähnt.

Wappen: In Schwarz ein gekrönter weisser Löwe, doch kommen vielfache Abweichungen vor, so führen Embricho 1285 den Löwen in einem mit Schindeln bestreuten und mit einer gezinkten Einfassung versehenen Schilde. Wolfram 1324 den Schild mit gelben Kleeblättern bestreut, Johann 1491 wie oben angegeben, 1495 aber den Schild mit einer Bordure, als Helm schwarze Hörner; Henne v. L. gen. v. Randeck 1442 den Schild mit weissen Schindeln bestreut, den Löwen sitzend auf dem Helm und 1461 1466 den Löwen ungekrönt und auf dem Helm Federn. Auf dem Helm kommen sonst noch vor: Ein Kranz von Rosen, aus dem Federn wachsen oder der Löwe sitzend zwischen Flug. Die Linie zu Randeck vierte im 16 Jahrhundert ihr Wappen mit den v. Randeck (a. d.) hierzu zwei Felme, rechts Löwenstein (der sitzende Löwe) links Randeck (zwei weisse wie der Schild tingirte Hörner). Ausserdem kommt noch ein geviertes Wappen vor, daraus 2 und 3 Feld viermal von gelb und schwarz gespalten mit wechselnden Tincturen, darüber ein schwarzer Balken Der hierzu gehörige [...] zwei in gleicher Weise tingirte Hörner.

[...] Lippe gen. Huen (Taf. 47.)

[...] Lippe lag bei Dattenfeld a. d. Sieg. [...] mit dem 15. Jahrhundert vorkommt. [...] zu Hartenfels A Selters einen [...] vier Generationen und erlosch Ende [...]

Wappen: Um 1450 führten sie drei mit Rosen belegte Ringe, später drei grüne Kränze mit rothen Rosen im gelben Schild.
Helm Pfauenwedel.
Decken: Roth-gelb.

Lindau (Taf. 48.)

Ihr Stammsitz war Lindau, der jetzige Hof Lindenthal, bei Wiesbaden. Sie besassen das Centgericht zu Norderstedt — A Wiesbaden — gemeinsam mit den Herren v Eppenstein und v Cronberg und erwarben 1310 das Lindauer Gericht im Amt Eltville. 1380 wurden sie mit dem Dorfe Hausen v. d. Höhe — A. Schwalbach — belehnt und im nächsten Jahrhundert mit vielen Höfen, Gütern und Gefällen an Flacha — A. Dietz —, [...]bach A. Runkel , Wiesbaden, Erbenheim und Sonnenberg — A Wiesbaden — Sie waren Burgmänner zu Idstein und Reifenberg.

Wappen: In roth ein weisser Schrägbalken (Heinrich 1397, der meist mit einem schwarzen Blatt belegt ist, statt dessen aber auch mit einem Stern (Sifried 1327) mit einer Lilie (Werner 1327; Sifried und Johann 1412) oder mit einem Fisch (Sifried 1365).

Helm: Schwarzer Flügel, jede Feder mit einer rothen Rose bestcckt.

Limbach (Taf. 48.)

Stammen aus dem Dorfe Limbach — A Hachenburg — und kommen auch unter dem Namen v. L. von 1271–1581 vor Sie besassen als Lehne den Hof Herlishofen, der sich nach und nach zum heutigen Dorfe Hirgen — A. Selters — erweiterte, und das Kirchspiel Nordhofen — A. Selters —. Auch waren sie Burgmänner zu Montabaur.

Wappen: In rothem Felde ein gelbes Lilienscepterrad, zwischen dessen einzelnen Stäben Heidenreich 1367 noch runde Scheibchen führt.
Helm: Johann 1423: zwei Straussenfedern, sonst stets rother Flug, zwischen dem Thomas 1387 den Schild führt, während Johann 1400 auf jedem Flügel die Schildzeichen wiederholt, und 1502 jeden Flügel mit dem Schild belegt.

Löwe (Taf. 48.)

Sie stammen aus dem gleichnamigen Orte bei Braunfels und hatten einen Burgsitz zu Perlora, sowie Zehnte und Gefälle in der Herrschaft Hellstein und Güter im Solms-Braunsfelsischen. Sie theilten sich in zwei Linien, von denen sich die eine Krug oder Kranch v. L. die andere Mohr v. L. nannte. Erstere erlosch um 1400, letztere, welche zu Marienberg und Cleeberg angesessen war, im 16 Jahrhundert.

Wappen: In gelb drei schwarze Rauten, auf denen ein schwarzer Löwe schreitend, oder auch getheilt, unten die Rauten, oben der Löwe.
Helm: Der Löwe schreitend oder wachsend.

Lorch (Taf. 49.)

In Lorch — A. Rüdesheim — erscheint bereits 1110 ein adliges Geschlecht gleichen Namens, aus dem höchst wahrscheinlich sämmtliche Geschlechter, die den Beinamen von Lorch führten, hervorgegangen sind. Das Stammgeschlecht erlosch im 15. Jahrhundert.
Wappen: In blauem Schilde ein weisser Balken, der geziert oder auch von wolkenförmigem roth-weissem Veh vorkommt.

Lorch, Hertwich von (Taf. 49.)

Ein Zweig der von Lorch, der sich wiederum in zwei Linien spaltete, von denen sich die eine Hertwich Heyden von Lorch, die andere Hertwich Leyen von Lorch nannte. Sie erschienen im 14. Jahrhundert und waren im 15. Jahrhundert bereits erloschen.
Wappen: Die Heyden führten in blau einen Schrägbalken von roth-weissem Veh, das bald wolkenbald eisenhutförmig dargestellt wurde Die Leyen führten in grünem Felde einen nach unten bald schräg-, bald zinnen-, bald wolkenförmigen gelben Balken.

Lorch, Milchen von (Taf. 49.)

Die Milchen v. Lorch, welche seit 1546 zu Lorch urkundlich vorkommen, theilten sich in zwei Linien, deren eine 1606, die andere 1720 erloschen ist. Sie hatten recht ansehnliche Besitzungen, unter Anderem ein Habengericht zu Niederbachheim — A. Braubach —, die Vogtei Winaskayn — A Montabaur —, die Burg Dernbach — A. Montabaur —, einen Hof zu Kolbingen — A. Walmerod — und ihren Burgsitz zu Lorch, wo sie öfter das Scholtheissenamt bekleideten.
Wappen: Ein weisser Balken in einem mit Lilie bestreutem Felde; diese kommen gelb und weiss vor.

Helm: Hut — ganz weiss oder schwarz mit rothem Umschlag — darauf weisse Kugel und schwarze Hahnenfedern.

Decken: Schwarz-weiss.

Lorch, Schetzel von (Taf. 49).

Kommen von 1297—1415 vor und waren ebenfalls in Lorch ansässig.

Wappen: Ein rother Balken in gelbem roth gegittertem Felde.

Helm: Rother Hut mit gelbem Aufschlag, worauf eine schwarze Kugel mit fünf weissen Straussenfedern.

Decken: Roth-gelb.

Lorch, Borngasse von (Taf. 49).

Eine jüngere Linie der Schetzel nannte sich von ihrem in der Borngasse zu Lorch gelegenen Stammsitze, sie kommt seit 1349 vor und erlosch gegen Ende des 15. Jahrhunderts.

Wappen: Ein rother Balken im gelben roth gegittertem Felde.

Helm: Wie der Schild tingirter Flug.

Decken: Roth-gelb.

Ludlodorff gt. Schenke (Taf. 5)

Dieses zu Leutesdorf einem Andernach gegenüber am Rhein gelegenem Dorf ansässige Geschlecht erscheint 1301 unter der Burgmannschaft zu Hartenfels — A. Selters —.

Wappen: Winemar siegelt 1317 mit einem getheilten Schilde, oben ein Flügel, unten gewectt.

Lützelcoveleuts (Taf. 50).

Stammen aus dem ehemaligen, Coblenz gegenüber am linken Moselufer gelegenem Orte Lützelcoveln und waren zu Welmich — A. St. Goarshausen ansässig. Siegfried verkauft seine dortigen Güter 1356 dem Erzbischof von Trier.

Wappen: Er siegelt mit einem Balken von Hermelin.

Linden (Taf. 50).

Stammen aus Gross- und Klein-Linden bei Wetzlar, und kommen auch unter dem Namen Lynnen vor. Sie erscheinen schon im Anfang des 12 Jahrhunderts und erloschen 1639. Sie waren zu Eisenrod — A. Herborn — ansässig und 1428 mit dem Patronat zu Hinzenhayn — A. Herborn — beliehen.

Wappen: In Roth drei weisse Lindenblätter im Dreipass gestellt, bei denselben kommen als Beizeichen ein Stern oder eine gelbe Krone vor.

Helm: Zwischen einem Flug der Schild, oder rothe je mit drei weissen Lindenblättern belegte Hörner.

Marioth (Taf. 50).

Patrizier aus Limburg. Sie erwarben Waldernbach — A. Hadamar — von den von Dalberg und die Burg Langenau an der Lahn von den Wolff-Metternich Lehnserwerber des Guts Langenau war Johann Franz, dessen Urenkel Franz Josef Ferdinand als Letzter seines Geschlechtes 1845 starb.

Wappen: In blau ein gekrönter gelber Löwe.

Mengerskirchen (Taf. 50).

Stammen aus dem Dorfe Mengerskirchen — A. Wellburg — und waren nassauische Burgmänner daselbst. Sie erscheinen in Urkunden seit 1355 und starben um 1480 aus. Sie hatten Antheil an dem Hof Hausbach — A.

Dillenburg — und verkauften ihn 1425 an Nassau, besassen Güter in dem verschwundenem Dorfe Herbach — A. Dillenburg — und Gerksburg oder den Hof zu dem Holenstein — A. Hadamar —, den sie ebenfalls 1425 verkauften.

Wappen: Frank führt 1371 einen männlichen mit einer Gugel bekleideten Rumpf im Schild und auf dem Helm.

Mertloch (Taf. 50).

Stammen wahrscheinlich aus dem Dorfe Mertloch bei Münstermaifeld in der Eifel. Sie besassen Weinberge zu Camp — A. St. Goarshausen —, welche Sobert v. M. 1828 dem Erzbischof Balduin v Trier zu Lehen auftrug.

Wappen: Gyselbrecht siegelt 1308 und Dietrich 1347 mit drei Lilien.

Meynfelder (Taf. 50).

Sassen zu Nickenich und Andernach am Rhein und waren um 1400 in der Grafschaft Dietz beliehnt.

Wappen: In einem getheilten Schilde ein Löwe.

Helm: Geöffgelter Schwanenrumpf.

Molsberg (Taf. 50).

Altes seit 1288 bekanntes, erst in jüngster Zeit erloschenes Geschlecht, welches Burgmänner der Dynasten von Molsberg war. Sie waren zu Molsberg — A. Wallmerod — zu Niederbrechen — A. Limburg — und Selters ansässig.

Wappen: In Roth ein schwarzer Balken, oben von zwei, unten von einem gelben Ring mit weiss-en kronenartigen Steinen begleitet.

Helm: Rother Hut mit weissem Umschlag, auf demselben ein Ring, aus dem drei schwarze Hahnenfedern hervorkommen, oder rother Hut mit Hermelinumschlag, und aus dem Ring drei schwarze Straussenfedern wachsend.

Miehlen (Taf. 51).

Tragen von 1158 bis zu ihrem Aussterben 1490 die Burg Miehlen — A. Nastätten — von Nassau zu Lehen. In diesem Amt hatten sie ausserdem noch Besitzungen zu Holzhausen auf der Heide, Rettert, Hunzel, Ehr etc. 1439 erhielten sie die Vogtei zu Weltterod und Schönau — A. St. Goarshausen — zu Lehen, und besassen auch Lehne zu Laurenburg, Dürnberg, Kalkhofen — A. Dietz — und anderwärts. Als Burgmänner werden sie erwähnt zu Baldenstein, Montabaur, Sternberg, Hartenfels und Idstein. Ein Zweig nannte sich nach seinen Besitzungen zu Diebelich a. d. Mosel: v. M. gen v Diebelich. Dieser erlosch erst 1535.

Wappen: Vor 1400 führten sie in einem rothen zinnenartigen Schildeshaupt, seitdem aber eine rothe Rose vielleicht das Wappen der erbauchsten v. Diebelich?).

Helm: 1415: Mit einer Gugel bekleideter Mannsrumpf; 1441 die Rose zwischen einem Flug, 1442 Jünglingsrumpf belegt mit der Rose. Die Linie zu Diebelich führte die Rose zwischen zwei Hörnern. Ob W v. M. Burgmann zu Montabaur der mit einem Kreuzstein und Hilger v. M. gen. Praume, der 1508 mit einem Stern zwischen zwei Wolfsangeln siegelte, hierhin gehören, ist nicht aufgeklärt.

Molenark (Taf. 51).

Berthen die v Miehlen nach deren Aussterben und waren daher auf Burg Miehlen, zu Holzhausen, Rettert, Welters und Schönau von Nassau beliehen, ausserdem hatten sie Gefälle und Zehnten zu Nieter — A. Rennerod —, Sirkenrod — A. Wallmerod —, Walstorf —

A Idstein - und ein Gut zu Wilmerod — A. Rennerod -
-, Sie erloschen 1635.
Wappen: In Weiss ein schwarzer Balken.
Helm: Weisser Hund mit schwarzem Halsband.

Molsmarck gen Scholl (Taf. 51)

Ein von vorigem wahrscheinlich verschiedenes Geschlecht, besass 1465 Mann- und Burglehen zu Montabaur sowie einen Burgsitz und Güter zu Westerburg.
Wappen: Im Schild ein Kreuz in jedem Winkel
von einem Kreuzchen begleitet, oder ein Fadenkreuz, von
je drei Kreuzchen bewinkelt.
Helm: Zwischen Flug der Schild.

Monreal (Taf. 51)

Stammen aus dem Geschlecht Virneburg, nenn-
ten sich von der Burg Monreal bei Mayen in der Eifel
und erloschen 1585. Sie waren im 16. Jahrhundert
zu Dietz ansässig und zu Freyendietz mit einem Hofe
und Geld belehnt.
Wappen: In gelb zwei Reihen schwarze Raaten,
oben 4, unten 3.
Helm: Zwischen schwarzem Flug entweder schwarzer Hut mit gelbem Umschlag und gelber Kugel, oder
der Schild überdeckt mit einer gelben Kugel, aus welcher schwarze Federn wachsen.
Decken: schwarz-gelb.

Montabaur (Taf. 52)

Ein von 1242—1305 vorkommendes, zu Montabaur
ansässiges Geschlecht, aus dem Heinrich 1293 dem
Erzbischof Diether von Trier Manngelder von seinem
Haus in der Burg Pillich (? zu Lehen auftrug.
Wappen: Er siegelt mit einem Ankerkreuz. Theoderich v. M., der 1303 als Schoinster zu St. Castor in
Coblenz einen Adler in einem mit Kleeblättern bestreutem Felde, und Conrad v. M., der 1410 als Schöffe zu
Echternach eine Burg in seinem Siegel führt, scheinen
anderen aus Montabaur stammenden Geschlechtern anzugehören.

Montabaur, von der None zu (Taf. 52).

Stammen aus Montabaur, besassen einen Hof zu Nassau, ein Burglehn zu Montabaur und starben im 17.
Jahrhundert aus.
Wappen: Heinrich v. d N., a M führt 1385
zwei gekreuzte Stäbe (und auf dem Helm einen Hut. Cyla
v. d. None 1475 ein Fadenkreuz in Schragesform, auf
dem Helm zwei Pfauenwedel.

Montabaur, Newer von (Taf. 52).

Verschieden von dem vorigen Geschlecht sind die
Newer oder Newer v. M., welche ebenfalls aus diesem
Orte stammen, einen Hof zu Nassau hatten und im 16.
und 17. Jahrhundert vorkommen.
Wappen: Im Schild drei Bärentatzen, auf dem
Helm zwischen einem Flug ein Vogelhals.

Montabaur, Succaren von (Taf. 52)

Kommen im 14. und 15. Jahrhundert in Montabaur
vor, wo sie von Trier mit einem Haus und Hof belehnt
waren. Ausserdem hatten sie verschiedene Zehnten zu
Freyendietz, Birlesbach und Fachingen — A. Dietz —.
Wappen: Geth und roth geschachtec, mit blauem
Turnierkragen belegter Schild.
Helm: Schwarzer Flug mit dem Schild belegt, oder
gelb und roth geschachtet Flug.
Decken: gelb-roth.

Moosbach, von Lindenfels (Taf. 52)

Stammen aus dem gleichnamigen Orte in der Rheinpfalz, in dessen Nähe sie Schloss Lindenfels bauten. 1446
hatten sie einen Burgsitz zu Gattenelnbogen — A. Nastätten — zu Lehen und besassen im 16. und 17. Jahrhundert das Hubengericht zu Niederneisen — A. Dietz —.
Von Worms waren sie schon im 15. Jahrhundert mit
verschiedenen Zehnten im Amt Weilburg beliehen.
Wappen: In blau eine weisse Hirschgeweihstange.
Helm: Blauer Flug, jeder Flügel mit einer weissen
Hirschgeweihstange belegt.
Decken: blau-weiss.

Muden (Taf. 52).

Stammen aus dem Dorfe Muden in Selbacher Grund
— Kr Siegen. Sie verkauften 1345 ihren Antheil an
der Vogtei Kirburg A. Hachenburg und schenkten
1270 einen Theil ihrer Zehnten bei dem Hofe Kadelbach,
1365 ihren Hof zu Nenahhausen, und 1350 den Dreden-
hof zu Kirburg alle im Amt Hachenburg dem
Kloster Marienstadt.
Wappen: Johann siegelt 1457 mit einem rauten-
förmigen Schrägbalken in einem mit Schindeln bestreutem Felde.

Mulich (Taf 52

Werden unter den Burgmännern zu Montabaur er-
wähnt.
Wappen: Im Schild zwei gekreuzte Schwerter, die
Spitzen nach unten.

Nail von Dietz (Taf. 52).

Die Nail Nael Nagel von Dietz kommen
in der ersten Hälfte des 14. Jahrhunderts zu Dietz und
Freyendietz vor.
Wappen: Zwei gekreuzte Nägel, darüber Turnierkragen.

Nackheim (Taf. 51).

Stammen aus Narkenheim bei Mainz. Sie verkauften 1465 Dorf und Gericht Lerbbach A. St. Goarshausen —.
Wappen: Frank führt 1426 einen von gelb und
roth achtmal getheilten Schild, und die Brüder Burg-
gart und Johann 1469 den Schild getheilt, und halb
gespalten, auf dem Helm einen Jungfrauenrumpf.

Nassau — Sporkenburg (Taf. 53

Die Adeligen von Nassau treten von 1195—1606
auf. Sie waren die ältesten Burgmänner auf Burg Nassau. Von 1500—1601 besassen sie die Sporkenburg —
A. Montabaur — und nannten sich seitdem Herren v.
Sporkenburg Philipp, welcher auch die Dauerburg
— A. St. Goarshausen — erwarb, nannte sich seit 1569
auch Herr zu Sonnenberg 1475 erbten sie die Güter
der Ilude zu Sonnenberg A. Wiesbaden —. Um 1411
erhielten sie das Hubengericht zu Pottenhayn und Rap-
pach im Mercabergischeen, und besassen 100 Jahre später ein solches in Cronch — A. Limburg —. Auch sonst
waren sie in den Aemtern Limburg, Weilburg, Nassau,
Wehen und Idstein reich begütert und Burgmänner auf
Laurenburg, Reifenburg und Schaumburg.
Wappen: In blauem mit weissen Scheibchen bestreuten Schilde ein gelber Löwe, welcher sich auf dem
Helm zwischen einem blauen Flug sitzend wiederholt.
Letzterer kommt ohne und mit den weissen Scheiben be-
streut vor.
Decken: blau-gelb.

Nassau (Bastarde, Taf. 53).

Es gab verschiedene Bastarde dieses Namens, die alle Lehngüter im Nassauischen besassen. Sie führten verschiedene Wappen. Dietz Bastard v. N., führt 1419 das Wappen von Nassau-Sparkenburg, jedoch mit Bastardfaden. Johann Bastard v. N. führt 1457 einen Löwen in einem bordirten Schilde, Low, Low's Sohn. Bastard v. Nassau, Amtmann zu Ottweiler 1521 in schwarz einen weissen Stern und darüber einen gestürzten weissen Halbmond. Noch andere führten in blauem mit weissen Schindeln bestreutem Felde einen weissen Löwen, als Helm: den Löwen sitzend zwischen blauem mit weissem Schindeln bestreuten Flug.

Decken: blau-weiss

Nerondorf (Taf. 53).

Hermann hatte 1595 Zehnten zu Roda, Zehnhausen — A. Rennerod — und zu Lahr — A. Hadamar — und Güter zu Westerburg — A. Rennerod — zu Lehen.

Wappen: Er siegelte mit einem getheilten, unten sechsmal gespaltenem Schilde.

Nemenroth (Taf. 53).

Wahrscheinlich stammverwandt mit Ottenstein (s. d.) waren sie Burgmänner zu Welterburg und hatten zu Welterburg und Westerburg Burgsitze mit zugehörigen Gütern.

Wappen: Schild sechsmal schräggetheilt.

Nenerburg, Walpoden von (Taf. 53).

Sie sollen mit den von Reichenstein und Virneburg gleichen Stammes sein und nannten sich von der Burg Neuerburg bei Waldbreitbach — Kr. Neuwied —. Sie waren 1205 Burgmänner zu Hartenfels — A. Selters — und besassen 1517 den jetzt ausgegangenen Hof Vriomrayde daselbst. Sie bekleideten das Walpodenamt der Grafschaft Wied. Fahne rechnet sie zu den Dynasten. (?)

Wappen: Sie siegelten mit drei schräggestellten Rauten.

Nassel von Mollingen (Taf. 53).

Waren mit vielen Gütern und Gefällen zu Westerburg — A. Rennerod — und auf dem Westerwald, ferner mit einem Hof auf dem Brekkenscheid und zu Niedermollingen belehnt.

Wappen: In einem sechsfach getheilten Schilde ein mit drei Scheibchen belegter Balken.

Neumagen (Taf. 54).

Stammen von der gleichnamigen Burg unterhalb Trier an der Mosel und waren seit 1311 mit dem Dorfe Gemmerich — A. Braubach — belehnt.

Wappen: Johann v. Neumagen, Knecht 1342 führt in einem mit Schindeln bestreuten Felde zwei Balken und Johann v. Neumagen Ritter 1361 einen Zickzackbalken, als Helm einen mit dem Balken gezierten Brackenrumpf.

Nassenrode (Taf. 54).

Führen wahrscheinlich ihren Namen von dem Dorfe Nasroth bei Hadamar und waren 1564 zu Nasort — A. Selters — angesessen, auch Burgmänner zu Hartenfels — A. Selters —.

Wappen: Conrad führte 1442 in seinem Schilde ein weiss und roth geschachtes Kreuz.

VI. 7.

Obentraud (Taf. 54).

Sie stammen und nannten sich von einem längst verschwundenen Orte, der in der Lahngegend gelegen haben muss, zuerst von Abentrode, später Obentrode und Obentraut. Sie erscheinen schon im 13. Jahrhundert und starben 1756 aus. Ihre Güter lagen zu Oberndorn, Lahrheim, Steckershausen in der Grafschaft Dietz. Auch im Hadamarischen und an andern Orten hatten sie Lehen und Gefälle.

Wappen: Schild getheilt, oben in schwarz drei gelbe Lilien, unten von weiss und roth sechsmal gespalten.

Helm: Schwarzer Flug, der auch mit dem Schild belegt vorkommt.

Ockenheim (Taf. 54).

Die v. Ockenheim, welche auch den Zusatz gen. v. Ingelheim führten, stammen aus den beiden gleichnamigen, zwischen Mainz und Bingen gelegenen Orten. Sie kommen im 14. und 15. Jahrhundert vor und waren Burgmänner zu Gutenfels bei Caub — A. St. Goarshausen —.

Wappen: In weiss ein schwarzer Sparren, der auch erniedrigt und mit einem Mond belegt vorkommt.

Ottenstein (Taf. 54).

Kommen namentlich im 15. und 16. Jahrhundert vor und erloschen 1702. Sie besassen im Amt Walmerod einen Hof zu Salz, zu Hausen, zu Seimerheld und Zehnten zu Mand, ferner einen Theil des Hubengerichtes zu Bechtheim — A. Weben — einen Hof zu Frickhofen — A. Hadamar — und verschiedene Güter in Westerburg und Welterburg — A. Rennerod —. Burgmänner waren sie zu Limburg, Mengerskirchen, Reifenberg, Westerburg und Weltersburg.

Wappen: Schild fünf oder sechsmal schräg getheilt — angeblich von blau und gelb —.

Helm: 1466 drei Spitzen, aus denen eine mit Hahnenfedern geschmückte Kugel hervorragt; 1527 ohne diese Spitzen.

Paffenau, Fryhe von (Taf. 54).

Zu Oberwesel am Rhein wohnte ein Geschlecht Fryhe, dieses soll in Paffenau, einer Localität (?) bei Lorch — A. Rüdesheim — ansässig gewesen sein und auch davon den Namen geführt haben.

Wappen: In einem Schild von Feh ein Balken.

Helm: Zwischen zwei Hörnern eine Kugel.

Passavant von Passenburg (Taf. 54).

Der Nassau-Dillenburg'sche Canzleiauditor, seit 1761 Justizrath Johann David Passavant wurde 1759 mit v. Passenburg geadelt. Er soll ohne Nachkommen gestorben sein.

Wappen: Schild geviertet: 1 u. 4 von gelb und roth gespalten, darin in gewechselten Farben ein Landsknecht, die gestürzte weisse Lanze über der rechten Schulter tragend. 2 u. 3 in Blau ein weisser Anker.

Helm: Der Landsknecht wachsend.

Decken: Rechts gelb-roth, Links weiss blau.

Pfaffendorf (Taf. 54).

Stammen aus Pfaffendorf, einem oberhalb Coblenz auf dem rechten Rheinufer gelegenem Dorfe. Sie waren des Erzstifts von Trier Unterhofmeister und im 14. Jahrhundert Burgmänner zu Montabaur.

Wappen: Gerard führte 1315 in einem rothen Schilde einen weissen Schrägbalken, oben und unten von je drei gelben Ballen beseitet.

9

Piesport (Taf. 55).

Das aus dem bekannten Weinort an der Mosel stammende Geschlecht besass zu Gockheim — A. Walmerod — ein Gut, welches nach seinem Aussterben an die v. Schütz kam.

Wappen: In weiss ein schwarzer Balken.

Helm: Schwarzer Brackenrumpf mit gelbem (?) Halsband und rothem Ring.

Decken: Schwarz-weiss.

Quad von Landskron (Taf. 55).

Aus dem alten niederrheinischen Geschlecht der Quaden erbte Gerhard in der 2. Hälfte des 15. Jahrhunderts von seiner Mutter Elisabeth v. Saffenberg die Herrschaften Thomberg und Landskron und wurde somit Stifter dieser Linie, welche um 1630 im Mannesstamm wieder erlosch. Der Letzte dieser Linie erwarb den Burgsitz und Hof der von Schönbach zu Schönbach — A. Herborn —.

Wappen: Stammwappen: In Roth zwei Wechselzinnenbalken.

Helm: Zwischen rothem Flug ein weisser Bär. Später vierte diese Linie den Schild mit dem von Thomberg: In gelb zwei roth und weiss geschachte Balken, und belegte den Flug mit den Wechselzinnenbalken. Johann Friedrich, der letzte dieses Zweiges, führte gespalten, rechts getheilt: oben Quad, unten Thomberg, links Eyuenberg-Landskron (s. d.) Stammhelm.

Decken: Ueberall roth-weiss.

Randeck (Taf. 55).

Die auf Burg Randeck an der Alsenz in der bairischen Pfalz ansässig gewesenen Adligen von Randeck waren im 14. Jahrhundert Burgmänner auf Montabaur.

Wappen: In Weiss ein rother Balken, oben von zwei, unten von einer rothen Lilie begleitet.

Helm: Hut mit zwei Hörnern.

Rödelnheim (Taf. 55).

Stammen aus dem Flecken Rödelheim bei Frankfurt a./M. Im Jahre 1473 verzichten sie auf ihre Ansprüche auf die Herrschaft Okriftel — A. Höchst —.

Wappen: Winther v. R. führte 1373 in seinem Schild zwei Bogen-Pfäle.

Rehen (Taf. 51 Nr. 7).

Die v. Rehen besassen 1552 mit den v. Waldmannshausen ein Halsgericht zu Weidenau — A. Walmerod —.

Wappen: Hermann v. R. siegelt 1368 mit einem Hahnenkopf, der sich auf dem Helm zwischen einem Flug wiederholt.

Reichenstein Taf. 55.

Stammen von Burg Reichenstein bei Puderbach — Kr. Neuwied — und erlöschen 1579. Sie besassen den Zehnten in verschiedenen Orten des Amts Hachenburg. Diese stiftete Wilhelm v. R. 1429 zu einer Seelmesse bei dem Kloster Marienstadt.

Wappen: In Weiss drei schwarze Rauten in Gestalt eines Schrägbalkens, theilweise begleitet von einem schwarzen Stern oder auch 1362 in einem mit Schindeln bestreuten Felde.

Helm: Weisser Windspielrumpf mit aufgelegten schwarzen Rauten, welche hin und wieder auch fehlen.

Decken: schwarz-weiss.

Reimberg (Taf. 55).

Kommen seit 1226 auf der gleichnamigen Burg bei Lorch im Wisperthal vor, waren Mainzer Truchsesse und starben 1615 aus. Sie hatten bedeutende Besitzungen, unter anderem den Hof Eichelbach — A. Usingen — von welchem sich auch eine Linie nannte, ferner die Burg Crummenau — A. Nassau — sowie Höfe zu Dörsdorf — A. Nastätten — und Güter und Zehnten an verschiedenen anderen Orten.

Wappen: Johann v. R. Truchsess siegelt 1285 und 1303 mit einem Rad. Seit 1359 aber erscheint in rothem Felde ein weisser Sparren von drei weissen Adlern begleitet.

Helm: Ein wachsender weisser Bock, gelb gekrönt mit rothen Hörnern.

Decken: Roth-weiss.

Riedesel von Camberg (Taf. 56).

Diese 1618 erloschene Linie des alten rheinischen Geschlechts der Riedesel hatte einen Burgsitz und Hof zu Camberg — A. Idstein — sowie verschiedene Lehne zu Niederselteld — A. Dillenburg —, Wersdorf — A. Walmerod —, Lahr — A. Hadamar —, und Antheil an der Burg Haltstein — A. Usingen.

Wappen: In Gelb ein schwarzer Eselskopf, der drei grüne Blätter im Maule hält.

Helm: Schwarzer mit dem Schild belegter Flug.

Decken: Schwarz-gelb.

Riedt (Taf. 56).

Altes zu Lorch am Rhein sesshaftes Geschlecht, welches 1264 erlosch. Dasselbe besass als Lehn den Ort Heddernheim — A. Höchst — und die dort gelegene jetzt verschwundene Burg Philippseck. Die v. Riedt waren Burgmänner zu Kirberg — A. Limburg — und hatten Zehnten zu Linter — A. Limburg — und zu Kehlbach — A. Königstein —.

Wappen: In weissem roth gegittertem Schilde eine rothe Leiste.

Helm: wie der Schild tingirter Flug.

Decken: Roth-weiss.

Rode (Taf. 56).

Kommen seit 1293 vor und theilten sich in zwei Linien, von denen die Burgmänner des Schlosses Burgschwalbach — A. Diez — sich Rode von Burgschwalbach, andere, welche sich in Weilburg angesiedelt hatten, Rode von Weilburg nannten. Sie erlöschen 1599, Sie waren auch Burgmänner zu Runkel und hatten viele Zehnten und Gefälle namentlich von Worms in den Aemtern Weilburg, Herborn und Dillenburg zu Lehen.

Wappen: Schild von schwarz und weiss geviert.

Helm: Flug, oder auch wie der Schild gevierter und mit Herzchen in gewechselten Farben bestreuter Flug.

Rodenhausen (Taf. 56).

Hessisches Geschlecht, welches zu Daubringen an der Lahn angesessen war und im 15. Jahrhundert erlosch. Dasselbe besass einen Hof zu Wallendorf — A. Herborn — und gehörte 1399 zur Burgmannschaft auf Storkheim — A. Usingen —.

Wappen: Von gelb und roth mit drei aufsteigenden Spitzen getheilt.

Helm: In gleicher Weise tingirter und mit Straussenfedern besteckter Flug.

Decken: Gelb-roth.

Rodenstein (Taf. 56).

Seit 1060 auf der durch die Sage vom wilden Jäger bekannten gleichnamigen Burg im Odenwald vorkommendes, 1671 erloschenes Geschlecht. Es hatte Wormsche Lehen zu Hirschhausen, Paffenhausen, Drommershausen und Weilmünster — A. Weilburg —.

Wappen: Gespalten und zweimal getheilt: von Weissroth oder Gelb-roth oder Roth-gelb.

Helm: Rothes Kissen mit weissen bez. gelben Quasten darüber ein Stern entweder weiss, und die Spitzen mit gelben Granatäpfeln besteckt, oder weiss und roth getheilt und mit schwarzen bez. weissen Granatäpfeln besteckt.

Rödel . Taf. 56).

Stammen von dem Hofe Rödel — A. St. Goarshausen —, kommen seit Anfang des 14. Jahrhunderts vor und nannten sich seit der Mitte desselben nach ihrem Eintritt in die Reiffenberger Ganerbschaft Rödel von Reiffenberg. Sie erloschen 1504. Sie hatten ansehnliche Besitzungen z. B. einen Hof und den Auler Wald zu Auel, einen Burgsitz zu Hanstätten, ein Gut zu Wöredorf — A. Walmerod — sowie Zehnten und Gefälle in den Aemtern Weben und Schwalbach Burgmänner waren sie zu Stockheim, Reiffenberg, Neuweilnau und Idstein.

Wappen: Im Schild zwei schreitende Leoparden.

Helm: Flug mit den beiden Leoparden oder Löwenrumpf zwischen Flug.

Rodheim (Taf. 56).

Ein wetterauisches Ortsgeschlecht, das schon 1260 genannt wird Dasselbe war in der Grafschaft Dietz begütert, hatte Zehnten und Gefälle zu Freiendietz — A. Dietz — und Petschbach — A. Walmerod — und andern Orten. Es gehörte zur Burgmannschaft auf Montabaur.

Wappen: Im Schild drei Ringe.

Helm: Zwischen Büffelhörnern ein Ring.

Rost von Dornbach (Taf. 56).

Ein längst erloschenes Trier'sches Geschlecht, welches 1868 zur Burgmannschaft auf Montabaur gehörte.

Wappen: Im Schild ein Widderkopf.

Rose (Taf. 57).

Nannten sich auch Rose v. Weilnau oder von Altenweilnau nach dem gleichnamigen Orte im Amt Usingen, wo sie auf ihrem Burgsitz von 1826—1472 vorkommen. Auch zu Neuweilnau waren sie Burgmänner.

Wappen: Gerard Rose siegelt 1344 mit einem gekrönten Löwen. Später erscheint dieser in einem mit Rosen bestreuten Felde und wachend auf dem gekrönten Helm.

Roist von Wern (Taf. 57).

Ein Jülich'sches 1668 in den Freiherrnstand erhobenes Geschlecht, von dem noch eine Linie in Brabant blühen soll. Dietrich Roist erhält als Burgmann zu Molsberg — A. Walmerod — 1391 zwei Höfe zu Schorenberg und Werstorf zu Lehen. Philipp war 1400 mit Gut und Zehnten zu Marienberg und Hinterhofen — A. Marienberg — belehnt.

Wappen: In Weiss zwei schwarze Schrägbalken.

Helm: Ein gekrönter weisser Schwanenrumpf zwischen einem wie der Schild tingirten Flug.

Decken: Schwarz-weiss.

Haboumen von Merenberg (Taf. 57).

Stammen aus Merenberg — A. Weilburg —, wo sie von 1291 bis zu ihrem Erlöschen 1519 vorkommen. Sie hatten in diesem Amte verschiedene Besitzungen, z. A. einen Hof zu Cubach, Güter zu Merchleindorf, Zehnten und Gefälle zu Dillhausen und Waldhausen u. s. w.

Wappen: Im Schild ein Windspiel, welches sich auf dem Helm siliruod zwischen einem Flug wiederholt.

Rupach (Taf. 57).

Stammen aus Rupach, einem Dorfe bei Montabaur, Johann, Ritter trägt 1342 sein Haus zu Camp — A. Bruabach — dem Erzstift Trier als Baldeinsteiner Burglehen auf, Wilhelm auch Ritter, war 1584 Schöffe zu Andernach.

Wappen: Johann führt im Schild ein schrägliegendes Schwert, die Spitze nach unten; auf dem Helm einen wachsenden Adler, Wilhelm im Schildeshaupt drei Rosen.

Nassenhausen (Taf. 57).

Stammen aus Sachsenhausen bei Frankfurt, wo sie seit dem 12. Jahrhundert vorkommen. Sie erloschen im 15. Im Jahre 1383 war ihnen die Burg Falkenstein — A. Königstein — verpfändet. In Reubach und Nordiagendal, zwei ausgegangenen Ortschaften im Amt Usingen, hatten sie 1274 Eppsteinsche Lehen.

Wappen: Schild geviertet 1 und 4: In Blau ein weisser Helm mit wachsendem Schwan. 2. u. 3. In Gelb ein rother mit drei rothen Blättern oder auch mit Laub besteckter Balken.

Helm: Wachsender Schwan, entweder Rumpf weiss, Flügel roth, oder auch die Flügel mit drei Reihen Lindenblättern besteckt.

Decken: Rechts blau-weiss, links gelb-roth.

Sassenrod (Taf. 57).

Stammen aus dem Dorfe Sassenrod bei Freusburg an der Sieg. Das Kloster Marienstatt bei Hachenburg erhör nach 1261 den Ritter Gerhard von Sassenrod und andere Adelige zu seinen Vögten im Gericht Kirburg — A. Hachenburg —, in deren Hände der Blutbann überging.

Wappen: Christian führt 1392 in seinem Siegel einen Schragen.

Saulheim, Mörth von (Taf. 57).

Ein Zweig des Geschlechtes von Saulheim, welcher kurz nach 1500 erlosch. Derselbe war als Vasall des Stiftes St. Alban in Mainz 1421—54 in der Nähe von Wiesbaden begütert.

Wappen: Drei schwarze Halbmonde in Weiss.

Helm: Zwei weisse Hörner, jedes belegt mit drei schwarzen Blättern.

Decken: Schwarz-weiss.

Schade von Hohenberg (Taf. 57).

Nassauische Vasallen, die 1334 zu Breckenheim — A. Hochheim — begütert waren.

Wappen: Johann führte 1884 einen gespaltenen Schild, vorne leer, hinten zwei Balken.

Schaffroth von Oppelsheim (Taf. 57).

Besassen den ausgegangenen adeligen Hof Düppenhausen bei Johannisberg — A. Rüdesheim —, Hans baute hier um die in der Nähe gefundenes wunderthätigen Marienbild eine Kapelle, aus der später das Kloster Marienthal sich entwickelte.

Wappen: In weissem Schild ein mit drei gelben Flödeln belegter schwarzer Schrägbalken.

Helm: Schwarzes weiss beschlagenes Hüfthorn mit rother Mündung und schwarzem Hahnenfederbusch.

Rüdesheim (Taf. 58).

Das älteste und vornehmste Geschlecht im Rheingau, welches sich in verschiedene Zweige theilte. Der Hauptstamm, der sich kurzweg von Rüdesheim nannte, kommt von 1125—1548 vor. Ihr Stammsitz war Rüdesheim, ihre Besitzungen lagen im ganzen Rheingau zerstreut. Sie besassen die Vogtei zu Aulhausen — A. Rüdesheim — bis 1189, einen Hof zu Niedergladbach — A. Schwalbach — Dorf und Vogtei Dotzheim — A. Wiesbaden — Vogtei zu Hochheim sowie Güter zu Hahn — A. Weben — Hallgarten — A. Eltville — und Erbenheim — A. Wiesbaden — und viele andere.

Wappen: In Schwarz ein gelber Flügel.

Helm: Schwarzer Hut mit rothem Aufschlag und weissen Hahnenfedern.

Decken: Schwarz-gelb.

Rüdesheim, Fuchs von (Taf. 58).

Sind eine Seitenlinie der v. Rüdesheim und kommen 1106—1882 vor. Giselbrecht Vos Ritter v. Rüdesheim trägt 1340 dem Erzstift Trier Haus und Hof in Rüdesheim zu Lehen auf. Sie hatten Zehnten zu Bärstadt — A. Schwalbach.

Wappen: In gelb ein schwarzer Flügel.

Helm: Hut mit zwei Flügeln.

Emerich siegelt 1276 mit einem Schrägbalken.

Rüdesheim, Winter von (Taf. 58).

Gingen im 14. Jahrhundert aus den Füchsen v. R. hervor und erloschen im 16. Jahrhundert. Da sie ihre Hauptbesitzungen in Geisenheim hatten, wurden sie auch Winter v. Geisenheim genannt.

Wappen: In schwarzem mit gelben Kleeblättern besätem Schild ein weisser Flügel.

Rüdesheim, Mund von (Taf. 58).

Gleichen Stammes mit den Füchsen v. R., kommen sie seit 1173 vor.

Wappen: Ein blauer mit gelben Lilien bestreuter Schild mit gelbem Schildeshaupt.

Helm: Schwarzer Hut mit rothem Stulp und schwarzer Federbüsch eben, zwischen denen der Schild erscheint.

Rüdesheim de foro (Taf. 58).

Ein jüngerer Zweig der Kinde v. R. nannte sich nach seinem Hause am Markt de foro, derselbe kommt seit 1208 vor und ist wohl noch im selben Jahrhundert erloschen.

Wappen: Wahrscheinlich das Wappen mit den Lilien, im Schildeshaupt mit einem blauigen Turnierkragen oder mit einem schreitenden Löwen als Beizeichen.

Rüdesheim, Brömser von (Taf. 58).

Ein seit Anfang des 13. Jahrhunderts vorkommendes und kurz nach seiner Erhebung in den Freiherrnstand (1654) im Jahre 1668 erloschenes Geschlecht. Es nannte sich von dem Dorfe Freiberg — A. Rüdesheim — wo es angesessen war, indessen ist es zweifelhaft, ob es ein eigenes Geschlecht war, welches Namen und Wappen von Rüdesheim annahm, oder ob es ein Zweig der v.

Rüdesheim war und von genannten Dorfe den Beinamen führte. Es hatte ansehnliche Besitzungen im Rheingau und baute im Anfang des 15. Jahrhunderts die Brömserburg in Rüdesheim.

Wappen: Schild getheilt, oben weiss, unten schwarz, meistens mit weissen Lilien besät. Letztere fehlten zuweilen und kommt die obere Hälfte nach als Schildeshaupt vor.

Helm: Schwarzer Hut mit weissem Aufschlag und schwarz-weissem Federbüschen.

Rüdesheim, de Domo von (Taf. 58).

Unter diesem Namen kommt im 13. Jahrhundert ein Geschlecht vor, welches mit dem vorigen nicht stammverwandt zu sein scheint.

Wappen: Im Schild drei Löwen.

Schauenburg (Taf. 58).

Stammen wahrscheinlich von der bei St. Wendel gelegenen Burg dieses Namens. Johann war 1401 Burgmann zu Rheinberg im Wisperthal. Das Geschlecht wird noch 1503 erwähnt.

Wappen: Ein Balken in einem mit Schindeln bestreuten Felde.

Helm: Zwei Hörner.

Scholde (Taf. 58).

In Scheld — A. Diez — kommt von 1504—1591 eine adelige Familie von Scholde vor, welche auch im Gericht Kirberg — A. Harbenburg — angesessen war.

Wappen: Des Weppeners Eberhard Siegel zeigt 1566 einen Schrägbalken, im linken Obereck von einem Kleeblatt begleitet.

Scharfenstein (Taf. 59).

Von Burg Scharfenstein bei Kiedrich im Rheingau trug ein mächtiges und weit verzweigtes Geschlecht seinen Namen, dessen Güter im ganzen Rheingau zerstreut lagen. Es theilte sich zu Anfang des 13. Jahrhunderts in drei Aeste, die nach ihrem Wappen benannt wurden. 1) die Grüne † 1517; 2) die Schwarze † 1617; 3) die mit den Steinen † 1692.

Wappen: 1) Die Grüne führten in weiss einen grünen Balken, und über demselben eine grüne Leiste.

Helm: Weisser wie der Schild tingirter Flug.

2) Die Schwarze führten in Weiss einen schwarzen Balken oben und unten von je einer schwarzen Leiste begleitet.

Helm: wie der Schild tingirter Flug.

3) Die mit den Steinen. In weissem mit schwarzen Schindeln bestreuten Felde ein schwarzer hin und wieder von zwei schwarzen Leisten begleiteter Balken.

Helm: wie der Schild tingirter Flug.

Scharfenstein, Crate von (Taf. 59).

Ein Zweig der v. Scharfenstein mit den Steinen, dessen Stammvater Heinrich sich zuerst 1390 Crate v. Sch. nannte. Diese Linie, welche in der Person Johann Anton's 1678 die Anerkennung des schon von seinem Vater geführten Grafentitels erhielt, überdauerte alle anderen und erlosch erst 1721. Sie war namentlich im Rheingau, doch auch im Trierschen begütert.

Wappen: In weissem mit schwarzen Schindeln
bestreuten Felde ein rother Balken.
Helm: Ein in gleicher Weise tingirter Flug.
Decken: Roth-weiss.
Seit etwa 1580 kommen auch zwei Helme vor, rechts
der eben beschriebene Stammhelm, links: gekrönt, ein
gelber gewappneter Arm, der ein Schwert schwingt.

Scharfenstein, Genne von (Taf. 59).

Ebenfalls ein Ast der von Scharfenstein mit dem
Steine und zwar vom Onkel des ersten Cratz v. Sch.
gestiftet. Dieser Emmerich hinterliess nur einen Sohn
Johann, der 1557 die Linie der Genne wieder beschloss. Sie waren in Kiedrich — A. Eltville — angesessen.
Wappen: In weissem mit rothen Schindeln bestreuten Felde ein schwarzer Schragen.

Scheid gen. Weisspfennig (Taf. 59).

Nach Fahne stammen die Scheid gen. Weiss-
pfennig aus dem bergischen Amte Blankenberg, nach
anderen von einem der vielen Höfe Scheyd an der Sieg.
Sie erhielten 1403 einen Theil des Hulengerichte etc. zu
Berchtheim — A. Weben —.
Wappen: Schild von weiss gelb schwarz zweimal
getheilt, im oberen Theile drei blaue Spiegel mit gelber
Einfassung, oder drei gelbe Ringe.
Helm: Wie der Schild tingirter Flug, jedoch ohne
Ringe, zwischen dem sich wohl noch der Schild wiederholt.
Decken: Schwarz-weiss.

Schelde (Taf. 59).

Stammen aus dem Dorfe Niederscheid — A. Dillen-
burg — und kommen 1341—1415 vor.
Wappen: Heymann v. Scheit führt 1341 in seinem
Siegel drei schräggestellte Kanten und ein undeutliches
Beizeichen im linken Obereck.

Scheuernschloss (Taf. 59).

Im 14. und 15. Jahrhundert zu Hellgenborn — A.
Herborn — und anderwärts in der Vogtei Herborn hatten
die von Scheuernschloss Güter und Renten und andere
Rechte.
Wappen: In weiss drei rothe Ringe.
Helm: Wie der Schild tingirter Flug.

Schönbach (Taf. 59).

Die im 14. und 15. Jahrhundert vorkommenden v.
Schönbach oder Schöndenbach waren namentliche
Vasallen und hatten einen Burgsitz zu Herborn.
Wappen: In einem mit Schindeln bestreuten Schilde
ein Balken.

Schönburg (Taf. 60).

Die aus dem Dorfe Schöneburg in der Nähe von
Kreuznach stammenden Schönburg oder Schönberg
verkauuerten schon 1293 ihre Lehne in Braubach, besassen
aber noch im 15. Jahrhundert den Zehnten zu Görred
— A. Wehen — und Lehne in der Grafschaft Dietz.
Auch waren sie Burgmänner zu Lahneck. Sie erlosch
1632.
Wappen: In Schwarz drei weisse Kreuze.
Helm: 1511. Weisser Knopf mit schwarzen Hahnenfedern, später schwarzer Hut, dessen Aufschlag mit drei
weissen Kreuzchen belegt ist, mit weissem Knopf und
schwarzen Hahnenfedern.
Decken: Schwarz-weiss.

VI. 7.

Schönhals (Taf. 60).

Kommen in Albrechterode, dem heutigen Alpenrod
— A. Hachenburg — seit 1277 vor. Johann, der Letzte
des Geschlechts, stiftete 1520 den Liebfrauenaltar in der
dortigen Kirche. Sie theilten sich in zwei Linien, die
sich nach ihren Sitzen Schönhals von Albrechterode resp. von Westerburg nannten. Auch im Dillenburgschen, Beilsteinschen und Dietzischen waren sie ansässig.
Wappen: Leerer Schild mit Schildeshaupt, in welchem drei Kugeln; so wurde der Schild von beiden Linien
geführt, indessen hatte Giselbrecht von der Westerburger
Linie noch einen Schrägbalken.
Helm: 1) Albrechteroder Linie: Johann 1544 : Dra-
chenkopf; Herrmann 1454 Adlerhals. 2) Westerburger
Linie: Giselbrecht 1450 : eine hohe spitze Mütze.

Schuppach (Taf. 60).

Stammen aus dem Dorfe Schuppach — A. Runkel —
und kommen von 1235 bis in die Mitte des 14. Jahrhunderts vor. Sie hatten Lehne zu Hasselbach — A.
Weilburg — und Westerburg — A. Runnerod —.
Wappen: Enrich. Burggraf zu Hartenfels siegelte
1339 mit einem Ankerkreuz.

Schwalbach (Taf. 60).

Hatten ihren Burgsitz in dem ihnen gehörigen Dorfe
Kleinschwalbach — A. Königstein — , wo sie seit dem
Anfang des 14. Jahrhunderts vorkommen. Sie hatten
ausserdem Güter und Zehnten zu Dreisbach — A. Dillenburg —, Cleeberg — A. Usingen —, im Gericht Eberbach
und zu Dillenburg. Burgmänner waren sie zu Cleeberg,
Friedberg und Elbolshausen — A. Dillenburg —. Sie
erloschen um die Mitte des 17. Jahrhunderts.
Wappen: In Roth drei in Form eines Schrägbalkens
gestellte weisse Ringe, die auf dem Siegel Wigands
1407 von einem Hirschkopf begleitet sind.
Helm: Zwei oben weisse unten schwarze Hörner
zwischen zwei rothen mit je drei weissen Ringen belegten
Ohren.
Decken: Roth-weiss.

Schwalbach zu Niederhofheim (Taf. 60).

Stammen wohl wie die vorigen aus Klein-Schwalbach
und führten den Beinamen von ihren Besitzungen in
Niederhofheim — A. Höchst —. Sie kommen seit 1275
vor und starben 1559 aus.
Wappen: In Roth ein weisser mit drei schwarzen
Schwalben belegter Schrägbalken. Seit etwa 1500 wurde
das Stammwappen gevirret mit Stirnschup, in weiss drei
schwarze Balken.
Helm: Wilhelm hat 1465 einen hohen Hut mit
Granatapfel; später erscheint ein wie das Stammwappen
tingirter Flug, und im 16. Jahrhundert ein Granatapfel
zwischen zwei mit einer Linde umwundenen Hörnern, oder
auch eine weisse Kugel mit schwarzen Hahnenfedern
zwischen zwei wie das 3. und 4. Feld tingirten Hörnern.

Schöneck (Taf. 61).

Nannten sich von dem gleichnamigen Schlosse auf
dem Hundsrück, und sollen aus dem Geschlecht von
Boppard stammen. Sie erscheinen im Nassauischen seit
dem 14. Jahrhundert und starben um die Mitte des
16. Jahrhunderts aus. Ihre Besitzungen lagen zu Dahl-
heim — A. St. Goarshausen —, Dachsenhausen, Lyker-
hausen — A. Braubach — und zu Dornholzhausen —
A. Nassau —.

10

Wappen: In gelb ein rother Balken. Heinrich führt 1314 darüber einen Turnierkragen. Lambertus, Commendator domus de Cronenberg hospitalis S. Joh. Jerusal. 1317 desselben belegt mit einem Kreuz. (Joh. Ordenskreuz?), Heinrich 1335 im rechten Obereck einen Stern.

Helm: Sehr verschieden. Conrad 1356 zwei wie der Schild tingirte Hörner; ein anderer Conrad 1356—1398 einen gekrönten Jünglingsrumpf. Johann und andere 1454 roth gekrönt, gelber Flug, ferner kommen noch vor gelber Hund, und wie der Schild tingirter Flug.

Decken: Roth-gelb.

Schwalborn von Montabaur (Taf. 61).

Vielleicht aus Schwalborn im Thal Ehrenbreitstein stammend kommen sie im 14. Jahrhundert in Montabaur vor. Johann besass bis 1539 pfandweise Bayersche Güter zu Maxsain — A. Selters — und Berno erhielt 1363 von Trier Haus, Hof und Aecker zu Hartenfels — A. Selters — als Burglehn daselbst.

Wappen: Berno führte einen getheilten Schild, oben in Weiss einen schwarzen wachsenden Löwen, unten in roth drei gelbe Schwerter.

Setzpfand (Taf. 61).

Kommen unter dem Namen Setzpfand von Drahe und S. v. Lynde vor. Conrad verkauft 1522 ein Gut zu Selters — A. Weilburg —. Auch zu Löhnberg a./L. waren sie ansässig.

Wappen: Conrad führte 1522 im Schilde drei Seeblätter und auf dem Helm einen Vogelrumpf, ein anderer Conrad 1456 die Seeblätter weiss in schwarzem Schild, und auf dem Helm einen Vogelhals zwischen Flug.

Seygershausen (Taf. 61).

Vasallen der Grafschaft Dietz und begütert zu Hanstätten — A. Dietz —.

Wappen: Friedrich führt 1364 in gespaltenem Schilde drei im Dreipass gestellte Seeblätter mit gewechselten Tincturen.

Selbach (Taf. 62 u. 63).

Stammen aus dem Selbacher Grunde und theilten sich in folgende Linien: 1. Selbach-Selbach, welche im 15. Jahrhundert in den Aemtern Wehen und Marienberg Lehne und Zehnten besass und im Jahre 1789 das ganze Geschlecht beschloss. 2. Selbach-Burbach (a. d.), 3. Selbach-Crottorf, welche 1478 erwähnt wird. 4. Selbach-Taab oder -Sardus, im 14. Jahrhundert vorkommend. 5. Selbach-Dernbach (a. d.). 6. Selbach-Gilsbach 1484 zu Salzburg — A. Bennerod — ansässig. 7. Selbach-Hohenselbach im 14. Jahrhundert erwähnt. 8. Selbach gen. Lohe, kommen im 15. Jahrhundert vor und sterben 1660 aus. 9. Selbach-Quatfassel im 16. Jahrhundert genannt. 10. Wolf von Selbach, werden im 14. Jahrhundert erwähnt. 11. Selbach-Zeppenfeld, kommen seit 1360 vor, waren bis 1427 zu Nisterbach —. A. Hachenburg — ansässig und sterben 1729 aus. Ferner erwähnt noch zwei Linien, nämlich 12. Selbach-Lange und 13. Selbach-Neunkirchen.

Wappen: In Gelb drei schwarze schräggestellte Rauten. Die Linien führen folgende Unterscheidungszeichen: 1. Selbach, oben, oder nach Christian 1356 mit Schiedeln, und Gilbrecht 1447 mit Hermelinschwänzchen bestreut. Helm: Flug, gewöhnlich mit den Rauten belegt, doch hat Gilbrecht 1447 ihn statt dessen mit Federn bestreckt. Henricus de Selbach siegelt 1368 mit einem Kreuz. 2. Burbach (a. d.). 3. Crottorf. Johann

führt 1478 die Rauten im linken Obereck von einer Rose begleitet, und den Flug mit den Schild belegt. 4. Taabe. Eberhard 1362 die Rauten im Obereck von einem Stern begleitet, auf dem Halm ein nach vorne gebogenes Horn, welches mit den drei, an der freien Ecke mit Quasten verzierten Rauten bestreckt ist. Volprecht 1382 die Rauten von einem Hirschgeweih begleitet. 5. Dernbach (a. d.). 6. Gilsbach. Deyenel und Johann Gehr im linken Obereck einen Vogel. 7. Hohenselbach. Mainet 1382 nur die Rauten, dagegen Gerhard, Friedrich, Langbein und Craft 1359 dieselben von einer Rose im linken Obereck begleitet. 8. Lohe. Die Rauten stets von einer Rose begleitet. Helm 1475 als mit den Rauten bestrecktes Horn, im 17. Jahrhundert eine Mütze. 9. Quatfasse, nur die Rauten, diese jedoch einen Schrägbalken bildend. Helm: Flug mit den Rauten. 10. Wolf. Dietrich 1352—1340 ohne Beizeichen, Gerhard 1560—1589 im Obereck einen Flügel. 11. Zeppenfeld. Christian hat 1362 die Rauten oben von drei, unten von zwei Hermelinschwänzchen begleitet; Friedrich 1392 nur die Rauten, den Helm mit Federn bestreckt ad 12 Lange und 13 Neunkirchen fehlen Siegel, vielleicht gehören ihnen die Wappen an, welche Fahne erwähnt, nämlich die Rauten allein, Helm zwei weisse Ecielehren, oder ein spitzer, vorn übergebogener Hut — (NB. nach der Zeichnung wohl eher ein Horn) — mit drei weissen Rosenbüschen bestreckt und als drittes die Rauten quer neben einander und auf dem Helm zwei Hörner.

Schlegel (Taf. 63).

Unter den Vasallen der Grafschaft Dietz im 14. Jahrhundert vorkommend.

Wappen: Ludwig führt 1364 in seinem Siegel drei Schlegel, angeblich weiss in schwarz.

Helm: Ein weisser Schlegel zwischen zwei schwarzen Hörnern.

Sorgenloch (Taf. 63).

Ein aus dem Dorfe Sorgenloch bei Alzei in Rheinhessen stammendes Geschlecht, das später unter dem Mainzer Patriciat erscheint, und im 12. Jahrhundert sich auch v. Sorgenloch gen. Gensfleisch schrieb. Es hatte verschiedene Güter von Nassau zu Lehen, so namentlich 1494—1512 zu Assmannshausen — A. Rüdesheim —.

Wappen: Im rothen mit gelben Kreuzchen bestreuten Felde ein gelb bekleideter mit Hecken und Stab ausgerüsteter Pilger.

Helm: Schwarzer Hut mit Hermelin-Aufschlag und drei Pfauenwedeln.

Decken: Roth-gelb.

Nettenbach (Taf. 63).

Stammen aus dem verschwundenen Dorfe dieses Namens — A. Marienburg —, und kommen von 1370—1470 vor. Sie waren auch zu Langendernbach — A. Hadamar — angesessen und Burgmänner zu Cranberg — A. Dietz —.

Wappen: Ein Balken in einem mit Schindeln bestreuten Felde Ein Zweig, die v. Nettenbach gen. Byblichin, welcher um 1400 zu Westerburg sass, führte den Balken in einem mit Kreuzchen bestreutem Felde.

Sonnenberg (Taf. 64).

Kommen von 1209 bis Ende des 14. Jahrhunderts vor und waren Burgmänner zu Sonnenberg — A. Wiesbaden —, auch zu Erbenheim — A. Wiesbaden — und zu Massheim — A. Hochheim — ansässig. Ludwig v. S. war des Königs Adolf Marschall und Vizthum in seinen Nassauischen Ländern.

Wappen: Ludwig, sowie die Brüder Dietrich und Rapprecht siegeln 1338 resp. 1363 mit einer Rose.

Sonnenberg, Mad von (Taf. 64).

Ein seit Anfang des 14. Jahrhunderts vorkommendes und 1475 erloschenes Geschlecht, welches von dem vorigen wahrscheinlich verschieden ist, seinen Beinamen jedoch von derselben Burg Sonnenberg führte, zu deren Burgmannschaft es gleichfalls gehörte. Sie besassen als Nassauische Lehne die Dörfer Mapperhain und Langschied — A. Schwalbach —. Ausserdem waren sie in der Umgegend von Wiesbaden ansässig und Burgmänner zu Idstein.

Wappen: Schild von gelb und roth getheilt. Wilhelm führt 1315 einen Turnierkragen und sein Bruder Diether einen Vogel als Beizeichen.

Spaye (Taf. 64).

Ein im 15. Jahrhundert zu Rödelheim ansässiges und jedenfalls von den v. Rödelheim mit dem Flügel abstammendes Geschlecht.

Wappen: In Schwarz ein weisser Flügel, über welchem ein gelber Stern, aber auch ohne diesen vorkommend.

Helm: Hahnenfedern.

Staffel (Taf. 64)

Die von Staffel, welche ihren Burgsitz in dem gleichnamigen Dorfe im Amt Limburg hatten, kommen seit 1195 vor und starben 1653 aus. Sie besassen das Gericht Nievern — A. Braubach — und das Gericht Lollschied — A. Nassau — 1346 als Pfand. Ausserdem hatten sie bedeutende Lehne in Cramberg — A. Diez — in Barod, Olsrod und Hahn — A. Walmerod — und anderwärts.

Wappen: In einem mit gelben Kreuzchen besäten blauen Felde ein Löwe, der gelb und weiss tingirt erscheint.

Helm: Zwei Bärentatzen, die weiss und schwarz vorkommen.

Decken: Blau-weiss und schwarz-weiss.

Steinbach (Taf. 64).

Hatten in Steinbach — A. Selters — ihre Stammburg und kommen seit 1270 vor. Joachim v. St. beschloss das Geschlecht gegen Ende des 16. Jahrhunderts. Auch zu Ellar — A. Hadamar — und zu Westerburg hatten sie Burgsitze und waren Burgmänner zu Hartenfels. Ein Zweig scheint sich in Coblenz niedergelassen und das Schöffenamt bekleidet zu haben.

Wappen: Der Schild durch Kerblinien achtmal geändert, erscheint auch an der Herzstelle mit einer Rose belegt.

Helm: Der Schild umgeben von Federn (?), später ein wie der Schild tingirter Flug.

Sulzbach (Taf. 64).

Kommen seit 1222 in Sulzbach — A. Höchst — vor und starben 1475 aus. Sie besassen die Landeshoheit über das Kirchspiel Neuenhain, sowie die Dörfer Hildman und Diethelshain — A. Königstein — als Bolandensche Lehne. Sie waren auf Königstein Burgmänner.

Wappen: Im Schild drei Lilien, auf dem Helm zwei Flügel, jeder mit einer Lilie belegt.

Umelbach (Taf. 64).

Kommen 1314 und 1360 vor und stammen aus Umelbach — A. Diez —. Die Besitzungen des Ritters Fried-

drich v. U. in dem verschwundenen Dorfe Hasselau — A. Runkel — verkaufte dessen Wittwe 1314 dem Kloster Seligenstadt. Auch in und bei Wolfburg besassen sie Lehne und Gefälle.

Wappen: Ein anscheinend viermal getheilter Schrägbalken.

Stein (Taf. 65).

Dieses alte Geschlecht, welches seit 1158 in Urkunden erscheint und 1831 mit dem berühmten Staatsminister erlosch, stammt von der Burg Stein bei Nassau — welche dasselbe als ein Sammtlehen von beiden Stämmen des nassauischen Hauses inne hatte. Es besass grossartige Güter, darunter namentlich die Grundherrschaften Schweighausen — A. Nassau — seit 1497 und Frücht — A. Braubach - seit 1613. Im 15. Jahrhundert erlangte es den Reichsfreiherrnstand.

Wappen: In gelb eine rothe Rose mit blauem Butzen, im 14. Jahrhundert von einigen Mitgliedern mit fünfblättrigem blauen Turnierkragen vermehrt.

Helm: 1342 zwei Pfauenwedel, seit etwa 1400 ein gelber Hundsrumpf mit rothem Halsband. Decken: Rothgelb. Aus dem Hund wurde später ein weisser Esel mit schwarzer Krone am den Hals. Decken: Schwarz-weiss.

Die Nachkommen des Freiherrn Christoph v. Stein, der 1559 Margaretha von Schöneck heirathete, vierten das Stammwappen mit dem von Schöneck (n, d.) und nahmen auch dessen Helm zu dem ihrigen an.

Stein-Källenfels (Taf. 65).

Dieses um 1700 erloschene von dem vorigen durchaus verschiedene Geschlecht nannte sich von der Burg Stein-Kallenfels bei Kirn an der Nahe. Es gehörte zu der Burgmannschaft auf Gutenfels bei Caub — A. St. Goarshausen —.

Wappen: Schild getheilt, unten gelb, oben ein weisser schreitender Löwe oder Leopard gekrönt und angekrönt in einem bald rothen, bald grünem, bald blauem Felde. Johann belegt dasselbe 1329 mit einem Turnierkragen.

Helm: 1356 ein Hundsrumpf zwischen Flug; 1358 ein geärderter Hundsrumpf mit Halsband, später ein hoher mit schwarzen Federbusch geschmückter Hut in den dem oberen Theile des Schildes entsprechenden Farben.

Verzen (Taf. 65)

Unter den Vasallen der Grafschaft Dietz werden 1364 Emmerich und Custs v. Verzen genannt. Ersterer nennt sich in einer Urkunde von 1367 Bruder von Gilbrecht v. Riedesel und verzichtet 1372 auf seine Forderungen an die Gräfin Johanna v. Nassau, die ihm seinen Hofmann zu Verse (wo?) gefreiet.

Wappen: Custs v. V. führt in seinem Siegel einen getheilten Schild, oben ein schreitender Löwe, unten drei Ringe.

Vilbel (Taf.

Das aus dem gleichnamigen stammende Geschlecht v. Vilbel hundert vor. Walther und sein über haben 1254 Streit mit d Frankfurt um den Zehnten zu l — A. Königstein —. Walther Eppstein das Präsentationsrecht wird aber abgewiesen.

Wappen: In einem von Schilde eine gelbe Rose mit bl

Helm: Flug.

Vogt von Elspe (Taf. 65).

Ein altes westphälisches zu Anfang des 18. Jahrhunderts erloschenes Geschlecht, aus dem Heinrich Philipp durch seine Gemahlin Magdalena Elisabeth von Waldmannshausen 1653 die beträchtlichen Güter dieser Familie zu Waldmannshausen, Mühlbach und Wilsenrod — A. Hadamar — erbte. Sein Urenkel Gisbert, Oberbefmeister im Haag, verkaufte dieselben um 1779.

Wappen: Schild von weiss und blau gespalten.

Helm: gekrönt. Entweder der Schild wiederholt zwischen zwei Flügeln, von denen der rechte weiss, der linke blau ist, oder zwei Federn.

Waldeck (Taf. 66).

Auf der Burg Waldeck im Sauerthal — A. Rüdesheim — sass seit dem 12 Jahrhundert ein ausgebreitetes Geschlecht, welches das Erblandhofuntermarschallamt des Erzstifts Mainz führte, und sich sowohl hiervon als von seinem Sitz in dem nah-gelegenen Lorch nannte. Es theilte sich in vier Zweige, nämlich:

1. Marschall v. Waldeck, welche auch unter den Namen Marschall v. Lorch oder Waldeck v. Lorch vorkommen und im 16. Jahrhundert aussterben. Sie waren namentlich zu Wallau — A. Hochheim — begütert.

2. Rost v. Waldeck oder Rost Marschall v. Waldeck, welche im 14. Jahrhundert aussterben. Sie hatten zu Lorch und anderwärts Sponheimsche Lehne.

3. Saneck v. Waldeck, die ebenfalls mit dem Zunamen Marschall vorkommen. Sie nannten sich von ihrer Burg Saneck, waren im Rheingau begütert, bekleideten wiederholt das Schultheissen-Amt in Lorch und erloschen im 15. Jahrhundert.

4. Ywan v. Waldeck, auch Waldeck v. Ueben genannt von der Burg Ywan oder Ueben im Nahegau. Sie waren mit einem Hofe zu Burghausnhausen — A. Rüdesheim — sowie mit dem halben Dorfe und der halben Gerichtsbarkeit belehnt. Philipp Melchior beschloss diesen Ast 1558.

Wappen: Alle Aeste führten einen gelben Adlerflügel im schwarzen Schilde.

Helme: 1. Marschall v. Waldeck: Es kommen vor: Schwarzer Hut mit gelbem Stulp und zwei Federbüschen, der eine schwarz-gelb, der andere gelb-schwarz oder schwarzer Hut mit rothem Stulp und zwei rothen, je mit einem schwarzen Federbusch besteckten Büschen und endlich ein schwarzer mit einem gelben Flügel belegter Flug. 2. Rost v. Waldeck. Schwarzer Hut mit gelbem Stulp und besteckt mit zwei schwarzen Federbüschen, desgleichen die 3 Saneck v. Waldeck, während 4 die Ywan v. Waldeck die Reiherbüsche schwarz und gelb getheilt und später auch einen schwarzen Flug führten, zwischen dem sich der Schild wiederholt. Auch kommen zwei Hörner, rechts schwarz, links gelb vor. — Aus den Jahren 1315–1357 finden sich Siegel von Hartwin, Heinrich und Johann v. Waldeck, welche in denen mit Kreuzchen oder Schindeln bestreuten Felde einen Balken zeigen. Dem Ansscheine nach gehören diese drei dem Geschlecht der Lorch an, welches zu den Waldeck jedenfalls in verwandschaftlicher oder genealogischer Beziehung gestanden hat.

Ausser den schon erwähnten vier Linien scheinen auch die im 14. Jahrhundert vorkommenden Frechte und Frischenstein v. Waldeck aus demselben Geschlecht entsprossen zu sein. Auch sie siegeln mit einem Flügel, der allein oder mit Turnierkragen vorkommt.

Waldeck II. (Taf. 67).

Ein zweites Geschlecht auf Burg Waldeck, welches nach Wappen und Beinamen mit den v. Lorch eines Stammes gewesen sein muss, theilte sich in verschiedene Aeste, nämlich 1. An dem Burgethor v. Waldeck, welche von 1303–1333 vorkommen und auch zu Niederlahnstein — A. Braubach — begütert waren. 2. Gauwer von Waldeck, werden 1896 erwähnt. 3. Bebetzel v. Waldeck, ein Ast der Schetzel von Lorch. Diese drei führen auch den Beinamen v. Lorch. 4. Korb v. Waldeck, welche auch Waldbot v. Waldeck, kommen von 1350–1890 vor.

Wappen: Diese führten alle im Schild einen Balken, oben von zwei, unten von einem Flügel begleitet. Ein Helmschmuck findet sich nur auf einem Siegel der Gauwer, nämlich ein Hut mit drei Hahnenfedern.

Waldeck III (Taf. 67).

Eine dritte Gruppe der auf Burg Waldeck ansässigen Burgmannen bilden die folgenden: 1. Heiden v. Waldeck, welche 1315 vorkommen. 2. Stampf v. Waldeck, waren bei Cuub — A. St. Goarshausen — ansässig und auch Burgmänner zu Gutenfels bei Cuub. Sie werden 1382 zuerst erwähnt und sterben 1585 aus. 3. Wale v. Waldeck, welche auch Waldbot v. Waldeck genannt werden. Sie kommen von 1277–1325 vor.

Wappen: 1. Friedrich Heiden v. W. führt im Siegel einen Balken, oben und unten von je drei weissen Flügeln begleitet. 2. Stampf v W. in rothem Felde ein gelber Balken, oben und unten von je drei Flügeln begleitet.

Helm: Wie der Schild tingirter Flug. Der Schild kommt auch blau mit weissem Balken und gelben Flügeln vor. 3. Wale v. W. Ihr Schild zeigt den mit einem Stern belegten Balken, oben und unten von je drei Flügeln begleitet.

Wachenheim (Taf. 67).

Ein angeblich aus Wachenheim in der bairischen Rheinpfalz stammendes uraltes Geschlecht, welches im Anfang des 16. Jahrhunderts erloschen zu sein scheint. Dieses Geschlecht gehörte zur Burgmannschaft von Gutenfels bei Cuub — A. St. Goarshausen — und hatte namentlich im 17. Jahrhundert mehrere Besitzungen in Nassau, u. A. einen Antheil an dem Dorfe Eisenbach — A. Idstein — einen Freihof zu Usingen — den Hof Eichelbach, Dorf Hasselbach — A. Usingen — die Vogtei zu Niederhofheim — A. Höchst — u. s. w.

Wappen: Schild von gelb roth weiss getheilt. Im oberen Felde drei schwarze Vögel.

Helm: Wie der Schild tingirter Flug.

Decken: Roth-weiss.

Wals von Fenerbach (Taf 67).

Ein seit dem 13. Jahrhundert bekanntes Geschlecht, welches 1620 erloschen ist. Dasselbe wird 1340 unter den Ganerben zu Stockheim und 1584 unter denen zu Reiffenberg — A. Usingen — erwähnt, und war bis 1593 im Besitz eines Theiles von Dornassenheim — A. Reichelsheim.

Wappen: In weissem Felde ein blauer Löwe.

Helm: Zwei weisse je mit dem blauen Löwen belegte Flügel.

Decken: Blau-weiss.

Wald (Taf. 67).

Stammen aus Petersswald, einem Dorfe bei Zell auf dem Hunsrück und kommen 1374–1518 vor. Sie waren zu Niederlahnstein und Frücht — A. Braubach — begütert. Eine Linie nannte sich Mohr vom Walde, dieselbe soll im 17. Jahrhundert erloschen sein.

Wappen: Schild gelb mit einem in zwei Reihen gelb und schwarz geschachten Schildeshaupt.

Helm: 1489 zwei wie der Schild tingirte Hörner 1518 ein langer oben mit einem Blatt bestecktter Schaft. Die Mohr v. W. führten einen Mohrenrumpf, dessen Kleidung den Tincturen des Schildes entspricht.

Decken: Schwarz-gelb.

Waldecker gen. v. Kempt (Taf. 67).

Sie seit dem 15. Jahrhundert bekannte Geschlecht, welches 1763 erloschen war. Sie waren Triersche Haushofmeister, gehörten 1630 zu den Gerichtsherren in Monsfelden — A. Limburg — und erbauten auf der Burg Holenfels — A. Nastätten — die sie 1704 erhielten, das neue Schloss.

Wappen: In Schwarz ein weisser liegender Maueranker.

Helm: Zwischen schwarzem Flug ein schwarzer Hut mit weissem Umschlag und weisser Kugel.

Decken: Schwarz-weiss.

Waldenburg gen. Schenkern (Taf. 68).

Die Waldenburg gen. Schenkern, welche seit der Mitte des 15. Jahrhunderts vorkommen und 1638 gefreit wurden, waren von etwa 1637 bis zu ihrem Erlöschen 1793 im Besitz des Zehnten zu Kestert — A. St Goarshausen — und des Gerichts Osterspay — A. Braubach —.

Wappen: Schild getheilt: Oben in blau ein weisser Turnierkragen, unten gelb.

Helm: Ueber blau-weissem Wulst drei Straussenfedern blau-weiss-blau.

Decken: Blau-weiss;

Das freiherrliche Wappen ist geviert 1 und 4 in gelb ein schwarzer Doppeladler; 2 und 3 Stammwappen. 2 Helme 1 gekrönt der schwarze Doppeladler, 2 der Helm des Stammwappens.

Decken: rechts: schwarz gelb, links: blau-weiss.

Waldmannshausen (Taf. 68).

Führen ihren Namen von dem Dorfe Waldmannshausen — A. Hadamar —, wo sie von 1136—1653 vorkommen. Sie besassen in dortiger Gegend mehrere Lehne und Gefälle und wohl auch die Burg Waldmannshausen. Wappen: Ein geschachter Schragen, der auch von einer Krone begleitet vorkommt.

Helm: Zwei gekreuzte Schwerter.

Waldmannshausen, Sprikast von (Taf. 68).

Die Sprikasten erscheinen von 1325—1562 und seit dem 15. Jahrhundert, in welchem sie sich in Waldmannshausen festsetzten, unter diesem Beinamen. Ob sie eine Seitenlinie der v. Waldmannshausen oder deren Gaterben waren, ist nicht ersichtlich, doch führten sie dasselbe.

Wappen: Gerhard Sprikast siegelt 1347 mit einem geschachten Schragen, während Henne Sprikast v. Waldmannshausen 1450 den achtfach gestückelten Schild führt.

Waldbot v. Waldmannshausen (Taf. 68).

Dem Anscheine nach eines Stammes mit den v. Waldmannshausen, kommen sie 1276—1472 vor, in welchem Jahre das Waldbotenamt, welches sie von der Grafschaft Dietz zu Lehen trugen, an die v. Leyenstein überging. Sie waren Burgmänner zu Montabaur und Sternberg und hatten verschiedene Lehne von Trier, wie das Dorf Prath — A. St. Goarshausen —, einen Hof zu Hintingshofen — A. Nastätten — und Güter zu Braubach. Sie müssen auch einen nicht unansehnlichen Lehenhof gehabt haben, da sie 1337 dem Grafen Otto von Nassau 16 ihrer adeligen Vasallen durch Kauf überliessen.

Wappen: Es liegen aus Siegel des Waldboten Friedrich von 1329—1357 vor. Dieselben zeigen den achtfach gestückelten Schild.

Waldbot von Pfaffendorf (Taf. 68).

Ein zweites Waldboten-Geschlecht führte seinen Namen von dem Waldbotenamt zu Pfaffendorf bei Coblenz.

VI. 7.

Sie kommen seit dem 15. Jahrhundert vor und erloschen 1623. Sie waren zu Oberndorf und Mühlbach — A. Hadamar —, wo sie die Vogtei nebst Herrschaft und Gericht von Worms zu Lehen trugen, ansässig, und mit verschiedenen Zehnten und Gefällen im Amt Weilburg und anderwärts belehnt. Vielleicht waren sie gleichen Stammes mit den v. Pfaffendorf (s. d.), obwohl sie als

Wappen: den Waldbotenschild führten und zwar von roth und weiss achtmal gestückelt.

Waldbot von Ulmen (Taf. 68).

Wahrscheinlich aus dem Geschlecht v. Ulmen stammend, das zur Burgmannschaft des Schlosses Ulmen bei Lutzerath — Kreis Cochem — gehörte. Sie waren von Catzenelnbogen mit dem Waldbotenamt in den Vierrenten bei Ellar — A. Hadamar — belehnt, und kommen als solche im 14. und 15. Jahrhundert vor.

Wappen: Auch ihre Siegel zeigen den Waldbotenschild, jedoch zwölffach gestückelt.

Helm: Es führten 1352 die Brüder Richard und Hermann einen weiblichen Rumpf; 1391 Gedert einen Jünglingsrumpf; 1404 Friedrich einen Kahlkopf; 1436 Friedrich eine Brache.

Weyer von Nickenich (Taf. 69).

Ein aus Nickenich bei Andernach stammendes Geschlecht, welches als Miterben der Waldboten von Waldmannshausen von 1472 bis 1500 zu Waldmannshausen begütert war. Dasselbe scheint bald darauf erloschen zu sein.

Wappen: In rothem Schild drei weisse Rauten.

Helm: Weisser Bocksrumpf mit gelben Hörnern. Engelbert hat 1430 den Schild mit einem Turnierkragen vermehrt und führt als Helmschmuck einen Schwanenhals zwischen Flug.

Weilburg (Taf. 69).

Ein adeliges Geschlecht, welches seit 1252 vorkommt und noch 1437 zwei Höfe in Weilburg von Nassau zu Lehen trug. Auch zu Cubach — A. Weilburg — besassen sie bis 1466 einen Wormschen Hof.

Wappen: Ein Siegel Gottfrieds von 1416 zeigt einen getheilten Schild, die obere Hälfte mehrfach getheilt.

Weilburg, Hund von (Taf. 69).

Dydo Hund v. Sonnenberg wurde 1363 Hund v. Weilburg genannt und soll der Stammvater der Hund v. Weilburg sein, welche zu Schupbach — A. Runkel — als Nassauische Vasallen vorkommen.

Wappen: Im Schild ein mit drei Rauten belegter Balken.

Weisenau (Taf. 69).

Die Stadtkämmerer von Mainz, welche sich von ihrem in der Nähe von Mainz gelegenen Besitz von Weisenau nannten, besassen bis 1200 das Dorf Wildsachsen — A. Hochheim — und hatten auch zu Oestrich und Reichardshausen — A. Eltville — Besitzungen, welche Malegoz, des Kämmerers Embricho Sohn, als er 1122 einen Kreuzzug antreten wollte, dem Kloster Altenmünster in Mainz schenkte.

Wappen: Philipp führt 1301 im Schild zwei Turnierkragen übereinander und auf dem

Helm: ein Schirmbrett, Dietrich 1346 den Schild getheilt, oben einen Turnierkragen.

11

Welmich (Taf. 69).

Von dem Dorfe Welmich — unterhalb St. Goarshausen am Rhein gelegen — nannte sich ein ritterliches Geschlecht, das schon 1110 erwähnt wird und zuletzt 1558 vorkommt.

Wappen: Das Siegel zeigt im Schilde zwei Flügel.

Wenden (Taf. 69).

Dieses seit 1145 vorkommende und 1595 erloschene braunschweigische Geschlecht besass bis 1567 Güter zu Merenberg und Mechteldorf, einem ausgegangenen Orte im Amt Weilburg, als Nassauische Lehen.

Wappen: Im gelben mit grünen Kleeblättern bestreutem Felde zwei schwarze Sparren. Statt der Kleeblätter kommen auch gestürzte Herzchen und Lindenblätter vor, auch erscheinen die Sparren im gelben Felde ohne Zuthaten.

Helm: Ueber einem gelb-schwarzen Wulst fünf schwarze Straussenfedern, oder gelber jo mit einem schwarzen Schrägbalken belegter Flug.

Decken: Schwarz-gelb.

Wenta v. Niederlahnstein (Taf. 69).

Im 15., 16. und 17. Jahrhundert vorkommendes, in Niederlahnstein — A. Braubach — ansässiges Geschlecht, welches auch zu Burbach — A. Hachenburg — und Neunkirchen — A. Rennerod — nassauische Lehne hatte.

Wappen: Im Schild ein Balken, dem Dietrich 1386 im rechten Obereck einen Stern beifügt.

Helm: Zwei mit dem Balken belegte Hörner.

Wertorff (Taf. 70).

Ein altes im nassauischen reich begütertes Geschlecht, welches Ende des 16. Jahrhunderts erloschen zu sein scheint. Es verkaufte 1310 seine Güter zu Steele, einem ausgegangenen Dorfe im Amt Hadamar, und 1321 seine Besitzungen zu Winden — A. Nassau —. Es besass 1325 einen Hof zu Wirbelau — A. Runkel —, 1108—1483 Zehnten zu Emmershausen — A. Weilburg — und war auch zu Hunsbach — A. Dillenburg — und zu Obertiefenbach — A. Runkel — begütert.

Wappen: Die älteren Siegel zeigen zwei oben gekürzte Pfähle, später erscheinen zwei blaue Pfähle in einem weissen Schild mit rothem Schildeshaupt.

Helm: Jünglingsrumpf, Kleidung rechts roth, links weiss und blau getreift.

Decken: Weiss-roth.

Widergis (Taf. 70).

In den beiden Dörfern Wirgen (Widhergis) — A. Montabaur resp. Idstein — kommt im 12. und 13. Jahrhundert eine adelige Familie v. Widergis vor. Ob beide eines Stammes ist unbekannt. Nur um ersteren, welche zur Burgmannschaft auf Montabaur gehörte und in dort gelegenen Wirgen ansässig war, ist das Wappen bekannt, nämlich eine weisse Rose im blauen Schild.

Widerstein (Taf. 70).

Ein von Burg Widerstein bei Siegen stammendes, wahrscheinlich 1555 erloschene Geschlecht, welches einen Hof zu Kaserhausen und Zehnten zu Löhberg — A. Weilburg — von Worms, sowie Zehnten und Güter zu Oberfischbach — A. Nastätten — von Nassau zu Lehen trug.

Wiltberg, Cronbaum von (Taf. 70).

Waren im 14. Jahrhundert von Sponheim mit Höfen zu Dörsdorf — A. Nastätten — beliehen. Sie scheinen in Beziehung zu den Dynasten von Wildenburg gestanden zu haben, denn es zeigt auch ihr Wappen nach Siegeln von 1414 und 1480 im Schilde drei Rosen.

Wiler (Taf. 70).

Trugen 1450 und noch 1570, wahrscheinlich dem Jahr ihres Ausganges des Weinzehnten in der Gemarkung Caub — A. St. Goarshausen — zu Lehen.

Wappen: Friedrich's Siegel (1848) zeigt über einem Schildchen drei Kugeln, während Balthasar 1454 in einem von gelb und blau gespaltenem Schilde drei Kugeln mit gewechselten Tincturen und auf dem gekrönten Helme zwischen zwei je mit einer Kugel belegten Hörnern, von denen das rechte gelb, das linke blau ist, eine blau-gelbe Kugel führt.

Decken: Blau-gelb.

Willensdorf (Taf. 70).

Stammen aus Wilsdorf bei Siegen und theilten sich in zwei Linien, von denen die Rode v. Willensdorf am 1540, die Kolb v. W. 1676 erloschen. Sie waren im Gericht Haiger — A. Dillenburg — ansässig und in dortiger Gegend mit mehreren Gefällen etc. beliehen.

Wappen: Schild getheilt und viermal gespalten. Johann von Wilstorf belegt 1442 den fünfmal gespaltenen Schild mit einem Schrägfaden.

Helm: 1515 ein wie der Schild Ungetiefte Schirmbrett, später gekrönt zwei Hörner.

Wilmerode (Taf. 70).

Ein im 14. Jahrhundert vorkommende, von dem gleichnamigen Dorfe im Amt Rennerod seinen Namen tragendes Geschlecht, welchem von Dietz mehrere Orte wie z. B. das Dorf Rotzenhan und andere im Amt Marienberg für 3000 Gulden verpfändet waren. Von Nassau hatten sie ein Lehen zu Langenscheid — A. Dietz — und von Trier als Burglehen zu Montabaur. Hier und zu Westerberg waren sie Burgmänner.

Wappen: Im Schild drei Ranten schräggetheilt, zum Theil von einem Stern im linken Obereck begleitet.

Wiesbaden (Taf. 71).

Uraltes von 1200 bis Ende des 14. Jahrhunderts vorkommendes Adelsgeschlecht, welches zu Wiesbaden und im Rheingau, namentlich zu Walluf und Hattenheim, ansehnlich begütert war.

Wappen: Im Schild ein Löwe, mit einem Balken überzogen.

Witzelnbach (Taf. 71).

Stammen von dem Hofe Witzelbach — A. Hadamar — wo sie seit 1257 vorkommen, sie scheinen von dort nach Andernach gezogen zu sein, wo 1508 Wilhelm v. W. als Schöffe erwähnt wird.

Wappen: Siegel des 14. und 15. Jahrhunderts zeigen im Schild einen geschachten Schragen und auf dem Helm: einen Hut zwischen einem Flug.

Wolfskehl (Taf. 71).

Stammen von der gleichnamigen Burg bei Darmstadt. Eine Linie nannte sich von ihrer Burg Vetzberg bei Giessen a.d. Lahn Wolfskehl v. Vetzberg. Sie kommen im Nassauischen seit dem 14. Jahrhundert vor und erloschen 1609. Als nassauische Vasallen und Burgmänner waren sie zu Herborn mit Haus und Hof und auch im Reilsteinschen angesessen.

Wappen: Die älteren Siegel zeigen einen aus Wolken hervorragenden einen Ball haltenden bekleideten Arm, später in blau ein weiss bekleideter Arm einen gelben Ring mit rothem Stein haltend, auf dem Helm zwei dgl. Arme den Ring haltend. Auch kommt der Arm geharnischt vor und auch statt des Ringes eine rothe Rose haltend, und auf dem Helm die beiden Arme je eine rothe Rose haltend.

Decken: Blau-weiss.

Wonsheim (Taf. 71).

Dieses alte rheinische Geschlecht erbte 1640 den Fronhof mit dem Halsgericht, dem Zehnten und dem Kirchensatz in Schönborn — A. Dietz. —, Ausserdem besass dasselbe ein Burggut zu Hanstätten — A. Dietz — und starb 1717 aus.

Wappen: In einem von gelb und blau gespaltenem Schilde ein rother Schrägbalken.

Helm: Flug rechts blau, links gelb, jeder Flügel mit dem rothen Schrägbalken belegt.

Decken: Blau-gelb.

Areken (Taf. 71).

Ein Coblenzer Rittergeschlecht, aus dem Wilhelm 1392 wegen seiner Besitzungen zu Lahnstein sich von der Areken gen. v. Laenstein nannte.

Wappen: Er führte im Schild einen Balken im rechten Obereck von einem Stern begleitet. Siegel des 15. Jahrhunderts zeigen keinen Stern und als Helmschmuck einen mit dem Balzen belegten Flug.

Almendorf (Taf. 71).

Besassen im Gericht Neukirch — abgebranntes Dorf im jetzigen Amt Rennerod — ein nassauisches Lehen, welches bei ihrem Aussterben 1383 an die von Dellstein kam. Sie hatten auch bei Siegen Besitzungen und scheinen zum Stamm Selbach zu gehören.

Wappen: Wilhelm führt 1342 in seinem Siegel drei schräggestellte Rauten.

Brabeck (Taf. 71).

Das alte westphälische Geschlecht von Brabeck, welches 1840 erlosch, war im 15. Jahrhundert von Nassau mit Mannsgeldern zu Dillenburg beliehen und besass auch Haus und Hof zu Winkel — A. Eltville —.

Wappen: In schwarz drei gelbe Wolfsangeln.

Helm: Drei schwarze und gelbe Strausenfedern auf schwarz-gelbem Wulst oder auf schwarzem Hut mit gelbem Umschlag.

Decken: Schwarz-gelb.

Breithard (Taf. 72).

Kommen von 1300 bis 1491 in dem Dorfe gleichen Namens — A. Weben — vor. In diesem Jahre starb Adolf v. B., Mainzer Kanzler und Domdechant als der Letzte seines Geschlechts. Auch zu Laagenderobach — A. Hadamar — und im Westerbergischen waren sie angesessen.

Wappen: Adolf's Siegel zeigt in einem von einem Engel gehaltenem Schilde drei gekrönte A.

Broch (Taf. 72).

Unter dem Namen Broch oder Broich erscheint zu Diethard — A. Nastätten — im 14 und 15. Jahrhundert ein Geschlecht, welches schon 1132 den Kirchensatz und Zehnten zu Heddernheim — A. Höchst — verkaufte.

Wappen: Schild: Stuhsal schräggetheilt. Helm: zwei Hörner.

Dotkenheim (Taf. 72).

Waren Ministerialen der Herren von Eppstein, stammen aus dem gleichnamigen Dorfe im Amt Hochheim und kommen von 1211 bis 1500 vor. Sie besassen bis 1313 die Vogtei über Hochheim, waren Burgmänner zu Eppstein, und zu Oberursel. Wickert, Weilbach — A. Höchst und Hochheim — begütert.

Wappen: Im Schild ein Hirschgeweih, zwischen dem auch ein Stern vorkommt.

Diedem (Taf. 72).

Die Dieden von Fürstenstein, welche 1807 ausstarben, erhielten 1691 zu Usingen einen Freihof und waren auch mit einem Hofe zu Cleberg belehnt.

Wappen: Schild von weiss und schwarz geviert.

Helm: Schwarzer spitzer Hut mit weissem Umschlag und schwarzen Hahnenfedern.

Decken: Schwarz-weiss.

Dorfelden (Taf. 72).

Die von Dorfelden, welche im 14. und 15. Jahrhundert als nassauische Vasallen zu Dillenburg vorkommen, führten ein geschachten Schild mit leerem Schildeshaupt.

Wappen: einem geschachten Schild mit leerem Schildeshaupt.

Dornburg (Taf. 72).

Der Letzte dieses Geschlechts verkauft um 1239 seine Güter zu Wickert — A. Hochheim — an das Stephansstift in Mainz.

Wappen: Im Schild drei Rauten.

Dorndorf (Taf. 72).

Stammen aus dem gleichnamigen Dorfe — A. Hadamar —, wo sie von 1190 bis 1397 erscheinen und noch 1297 eine eigene Burg besassen. Sie waren auch im Dietzischen zu Danborn und Weisr begütert.

Wappen: Im Schild drei Schrägbalken, auf dem Helm einen Flug.

Ebertshausen (Taf. 72).

Stammen aus Ebertshausen — A. Nastätten — und kommen 1272–1390 vor. Sie waren auch zu Werse und Oberscheid — A. Dillenburg — begütert.

Wappen: Im Schild ein Schildlein, welches 1390 von einer Wolfsangel im linken Obereck begleitet ist.

Idstein (Taf. 72).

Von Idstein nannten sich dem Wappen nach zwei Geschlechter, welche von 1109–1340 auftreten. Beide erscheinen unter dem Namen Edgebestein, Eythichenstein u. dgl. und führen verschiedene Zunamen, wie Brits, Puto, Mosselin und Sunheim. Sie erscheinen auch als Burgmänner in Merenberg — A. Merenberg — und auf Rheinberg — A. Ehönheim —.

Wappen: Rupert führt 1264 zwei Balken, Ludwig 1288 eine Rose im Schild.

Marfues von Winterheim (Taf. 73).

Aus diesem von Winterheim in der Pfalz stammenden Geschlecht besass Brechtel 1395 die Vogtei Oeriftel — A. Höchst —.

Wappen: In schwarzem mit gelben Schindeln bestreutem Felde ein weiss bekleidetes Bein mit nacktem Fuss und Forse.

Helm: Schwarzer mit Schindeln belegter Flug.

Decken: Schwarz-weiss.

Geispitzheim (Taf. 73).

Ein 1520 erloschenes elsässisches Geschlecht, das sich in die Linien Fetzer und Krieg v. G theilte. Anthes und seine Gemahlin Margaretha v. Guntheim, Eukolin Johanna v. Neissen verkauften 1424 die von diesem ererbte Vogtei zu Obernelsen — A. Dietz — zu Eppstein.

Wappen: In weissem Schild drei schwarze Zickzackbalken.

Helm: Entweder zwei wie der Schild ungirte Hörner oder ein schwarz gekleideter Mannesrumpf.

Engelstadt (Taf. 73).

Ein im 15. Jahrhundert im Nassau-Usingenschen ansässiges Geschlecht.

Wappen: In weiss ein gelb-roth geschachtes Kreuz.

Helm: Mit dem Kreuz belegter Flug.

Stege (Taf. 73).

Stammen von dem Hof Stege — A. Schwalbach —, wo sie im 14. und 15. Jahrhundert vorkommen. 1384 waren sie mit einem Theile des Kirchensatzes und des Zehnten zu Bärstatt — A. Schwalbach — beliehen. Sie scheinen 1528 erloschen zu sein.

Wappen: In roth zwei weiss und grün geschachte Balken.

Helm: Wie der Schild ungirter Flug.

Decken: Roth-weiss.

Dorstorph (Taf. 73).

Das aus Dörsdorf — A. Nastätten — stammende Geschlecht war von Nassau bis 1258 mit den Weinbergen am Reifenberg bei Kiedrich — A. Eltville — beliehen. Später erscheinen Mitglieder dieses Geschlechts als Schöffen zu Siegburg.

Wappen: Die Siegel zeigen im Schild einen gegitterten Balken.

Dieffenbach (Taf. 73).

Hatten ihren Stammsitz in Obertiefenbach — A. Runkel — und kommen 1344, 1380 und 1453 vor.

Wappen: Von gelb und schwarz sechsmal getheilt.

Helm: Weisse Hirschstangen mit schwarzen Büschen besteckt.

Larheim (Taf. 73).

Der gleichnamige Stammsitz lag bei Dietz, wo sie einen Burgsitz hatten. Auch waren sie Vögte zu Oberneisen — A. Dietz — und Burgmänner zu Labneck — A. Braubach —. Sie kommen seit 1276 vor, verkauften 1305 ihre Lehngüter zu Lindenholzhausen — A. Dietz — und starben 1384 aus.

Wappen: Ruprecht führt 1329 in seinem Siegel eine Rose, Johann 1376 einen oben gestuften Sparren.

Donner von Larheim (Taf. 73).

Wahrscheinlich stammverwandt mit den v. Larheim, kommen die Donner v. Larheim von 1334—1571 vor, in welchem Jahr sie erloschen. Einige Linien führten die Beinamen v. Laurenberg und v. Willisdorf. Sie waren ansässig zu Nauheim bei Michelbach — A. Weben — und zu Langenwiesen — A. Montabaur —.

Wappen: In weiss ein rothes Schildchen, oben von drei schwarzen Muscheln begleitet.

Kschenne (Taf. 73).

Ein Geschlecht, welches 1452 unter der Burgmannschaft zu Dietz erwähnt wird.

Wappen: In weiss ein blau bewehrter rother Löwenrumpf, der sich auf dem Helm wiederholt.

Eselweck (Taf. 73).

Ein Mainzer Patriziatsgeschlecht, das zu Anfang des 15. Jahrhunderts erlosch. Eine Linie desselben hatte ein Burglehen zu Scharfenstein — A. Eltville — und nannte sich daher Eselweck von Scharfenstein. Im 13. Jahrhundert trug dasselbe auch das Dorf Igstadt — A. Hochheim — zu Lehen.

Wappen: Ein gelber Schragen in einem grünen Schilde mit roth-gelber Bordüre.

Mönch (Taf. 74).

Dieses Geschlecht erscheint unter der Trierschen Burgmannschaft auf Baldäustein — A. Dietz — und 1349 war Heinrich Mönch Canonicus zu Limberg.

Wappen: In einem mit Kreuzchen bestreutem Felde ein Mönch, der auf dem Helm wachsend erscheint.

Horchheim (Taf. 74).

Stammen wahrscheinlich aus dem gegenüber Coblenz gelegenen Dorfe Horchheim und führen den Beinamen Fayas, Fehs, Friss. Sie waren im 15. Jahrhundert von Trier mit Weingärten zu Niederlahnstein — A. Braubach — beliehen.

Wappen: Die Siegel zeigen Hacken und Sparren gekreuzt, zwischen denen Michel 1458 im Schildesfuss noch eine Wolfsangel führt.

Nassersheim (Taf. 74).

Aus dem gleichnamigen, jetzt ausgegangenem Orte in Oberhessen stammendes Geschlecht, welches 1476 erloschen zu sein scheint. Es gehörte 1384 zur Reifenberger Ganerbschaft und war in den Grafschaften Dietz und Weilnau begütert.

Wappen: Im Schild ein schräger Wellenbalken.

Mund von Sanlheim (Taf. 74).

Altes anscheinend im 16. Jahrhundert erloschenes Geschlecht, welches zur Burgmannschaft zu Ostenfels — A. St. Goarshausen — gehörte und auch in Kiedrich — A. Eltville — angesessen war.

Wappen: In weiss drei rothe Halbmonde, in deren Mitte ein kleiner schwarzer Stern.

Helm: Ein liegender rother Halbmond, aus dem ein schwarzer Hahnenfederbusch hervorwächst.

Decken: Roth-weiss.

Heusser von Ingelheim (Taf. 74).

Die Heusser oder Büsser sind ein 1580 erloschener Zweig des bekannten Geschlechtes von Ingelheim. Das Geschlecht kommt schon 1305 urkundlich vor, doch scheint dasselbe auf dem rechten Rheinufer erst im 15. Jahrh. durch Vermählung mit einer Brömberin Otter aus dieser Familie erworben zu haben.

Wappen: In Schwarz ein roth und gelb geschachtes Kreuz.

Helm: Ein rothes mit weissen Seeblättern belegtes Gefäss, aus dem eine gelbe Staude hervorwächst.

Nadersbach (Taf. 74).

Ein seit dem Ende des 13. Jahrh. in Nassau vorkommendes Geschlecht, welches 1600 erlosch. Dasselbe gehörte zur Ganerbschaft auf Holenfels — A. Nastätten — hatte Burgsitze zu Herborn, Eigenberg und Driedorf — A. Herborn — sowie Antheile an Burg Liebenstein — A. Braubach — und Burg Schaumburg — A. Dietz —. Ferner war es ansässig zu Hausen und Hundsangen — A. Walmerod —, zu Hadamar, zu Diessenbach — A. Runkel —, zu Königswinter — A. Wellburg — und an anderen Orten. In diesen Aemtern hatte es bedeutende Lehne und Gefälle und gehörte auch zur Burgmannschaft von Merenberg und Westerburg.

Wappen: Von Roth und weiss durch Zickzacklinien achtfach geständert.

Helm: Rothbekleideter Mohrenrumpf mit weiss-rother Mütze.

Abweichend erscheinen auf Siegeln von 1381 im Schilde drei im Dreipass gestellte Herzen (?) und vier Blätter (?) und als Helm zu ersterem Schild auf einem Hut ein Bischofskopf.

Offheim (Taf. 74).

Die von Offheim oder Uffheim stammen aus Offheim — A. Hadamar — und kommen seit 1194 vor. Sie erloschen 1414. Sie trugen von Katzenelnbogen die Vogtei zu Niederdietkirchen — A. Hadamar — zu Lehn und besassen seit 1369 einen Theil des Weinhofs bei Wellburg. Albert schenkte 1327 alle seine Besitzungen zu Thalheim — A. Hadamar — dem Kloster Marienstatt.

Wappen: Im Schildeshaupt ein schreitender Leopard, darunter drei Ringe.

Praunheim (Taf. 74).

Ein aus dem gleichnamigen, bei Frankfurt a. M. gelegenen Dorfe stammendes Geschlecht, welches seit dem 13. Jahrh. vorkommt und im 15. Jahrh. erloschen zu sein scheint. Es war zu Heddernheim — A. Höchst — ansässig und gehörte 1400 zur Burgmannschaft auf Reifenberg.

Wappen: Zwei je mit drei Scheiben belegte Bogenpfähle, zwischen deren hin und wieder ein Stern erscheint.

Helm: Drachenhals, entweder mit Kugeln und Fähnchen bestockt, oder mit einer Binde (?) geziert.

Praunheim gen. Clettenberg (Taf. 75).

Angeblich eines Stammes mit dem vorigen Geschlecht. Sie besassen 1340 und bis zu ihrem Erlöschen 1609 die Vogtei zu Niederhofheim — A. Höchst —.

Wappen: Im weissen Feld ein rother Balken, aus dem die grüne Krone eines Baumes wächst.

Helm: In gleicher Weise ungirter Flug.

Quernheim (Taf. 75).

Ein seit der Mitte des 13. Jahrhunderts vorkommendes, 1857 erloschenes westfälisches Geschlecht, welches

VI. 7.

1856 das ehemals Obentrautsche nachher Bernkotsche Burggut zu Langendernbach — A. Hadamar — kaufte. Es blieb im Besitz desselben bis 1758.

Wappen: In weiss ein rother Balken.

Helm: Weisser mit dem rothen Balken belegter Flug.

Decken: Roth-weiss.

Reinberg (Taf. 75).

Diese Reinberg oder Reinsberg sind mit den andern Reinberg (Taf. 55) nicht zu verwechseln, auch gehören sie mit den Grafen v. Reinberg trotz der Wappenähnlichkeit nicht verwandt zu sein. Ihre Burg Reinberg lag bei Dombach. Zu Nockern — A. St. Goarshausen — hatten sie Haus, Hof und Weinberge zu Lehen. Sie kommen nur von 1300—1396 vor.

Wappen: In Weiss ein rother Balken.

Helm: Zwei Hörner mit weissen Binden.

Schnellenberg (Taf. 75).

Ihr gleichnamiges Stammschloss lag in Westfalen bei Attendorn. Sie erscheinen seit 1242 und sind gegen das Ende des 15. Jahrhundert erloschen. Durch Heirath in die Familie v. Waldmannshausen bekamen sie um 1389 Theil an deren Gütern zu Waldmannshausen im Hadamarschen, welche aber 1605 an die Vogt v. Elspe kamen.

Wappen: Ein von roth und gelb mehrfach schräggetheilter Schild.

Helm: Ein gelb und roth gestreifter mit zwei rothen Binden umwundenes Wedel.

Decken: gelb-roth.

Vilmar (Taf. 75).

Führen ihren Namen von dem Dorfe Vilmar — A. Runkel — und kommen von 1299—1357 vor, hatten Höfe und Güter zu Heeringen — A. Limberg — und einen Hof zu Steinbach — A. Hadamar —. Auch waren sie Burgmänner zu Limburg.

Wappen: Schild von Roth und weiss schräg geviert. Einige Mitglieder belegten denselben mit einem blauen Turnierkragen.

Weltere (Taf. 75).

Ein hessisches, 1632 erloschenes Geschlecht, welches in Niedertiefenbach — A. Hadamar — von Hessen die Vogtei und von Nassau anderweitige Besitzungen zu Lehen trug.

Wappen: Schild halb gespalten und getheilt von weiss, roth und schwarz.

Helm: Weisse Katze, den Kopf mit schwarzen Blättern geschmückt.

Hohenfeld (Taf. 75).

Ein altes oesterreichisches, jedoch auch in Bayern und am Rhein begütertes Geschlecht, welches 1652 gefreit und 1669 resp. 1714 gegraft wurde. Es erlosch 1822. Dasselbe besass im 17. Jahrhundert die Vogtei Weidenbau — A. Wallmerod —, den Hof Bisemsrod bei Limburg, das Hubengericht in dem Dorfe Cronach — A. Limberg —, einen Bergsitz zu Löhnberg — A. Wellburg —, die Hälfte des Gerichts Eisenbach und den Hof Hausen — A. Usingen —.

Wappen: In blau als mit einer rothen Rose belegter weisser Balken.

Helm: Wie der Schild ungirter Flug.

Decken: Blau-weiss.

Seit dem 16. Jahrhundert wurde dieses Stammwappen
quartiert mit dem des erloschenen Geschlechts Symanning:
In Schwarz zwei mit dem Rücken wider einander gekehrte
aufrecht stehende weisse Hüfhörner mit rothen Bändern.
Zwei Helme: Rechts der des Stammwappens, links die beiden Hörner des 2 u. 3. Feldes mit schwarzweissen Decken.

Fleckenbühl (Taf. 76).

Stammen aus Oberhessen, kommen auch mit dem
Beinamen gen. Bürgeln oder Bürgel vor und starben
1792 aus. Sie sassen zu Langenaubach — A. Dillenburg
und zu Erbornelbach, Hörbach, Offenbach und Manderbach — A. Herborn · im 14. 15. und 16. Jahrhundert
ansässig und gleichzeitig Burgmänner zu Dillenburg und
Herborn.
Wappen: In Gold eine kaum zu blasonirende
schwarze Figur, die vielleicht ursprünglich anders ausge-
graben haben mag. Leider waren aber keine Siegel
dieses Geschlechts aufzufinden.
Helm: Ein wie der Schild tingirter Flug.
Decken: Schwarz-gelb.

Holmershausen (Taf. 75.

Kommen auf ihrem Burgsitz zu Holmershausen —
A Idstein und als Burgmänner zu Neuenhaus von
1396 1463 vor. Peter und Henne v H. brannten 1427
Lehngüter in und bei Wiesbaden. Das Geschlecht scheint
im Anfang des 16. Jahrhunderts erloschen zu sein.
Wappen: Siegel von 1404 und 1542 zeigen im
Schilde zwei über einander schreitende Löwen.

Imbhausen (Taf. 75).

Besassen 1421 den Dradenhof in Kirburg — A.
Hachenburg. —
Wappen: Ihr Siegel zeigt in einem mit Kreuzchen
bestreuten Felde drei schräggestellte Werken

Langeln (Taf. 76).

Ein im 15. und 16. Jahrhundert vorkommendes und
in der Gemarkung Schierstein · A. Wiesbaden — ansässig gewesenes Geschlecht.

Wappen: Ein schrägrechts gestellter aus dem
Schildesrand wachsender belaubter Stamm (?).
Helm: Flug belegt mit derselben Figur.

Röchlingen (Taf. 76).

Fuldaisches, später auch in Frankfurt angesessenes
und zum Hause Alten-Limburg gehöriges Geschlecht.
welches 1706 ausstarb. Es gehörte zur Burgmannschaft in
Herrenberg und hatte dort, zu Mechtelndorf und Edels-
berg — A. Weilburg — Güter und Gülten.
Wappen: In gelb zwei schwarze Wechselzinnenbalken.
Helm: Gelber Windspielrumpf mit schwarzem Halsband.
Decken: Schwarz-gelb.

Selbling (Taf. 76).

· Dieses sonst nicht bekannte Geschlecht brannte 1505
von Nassau einen Hof zu Kettern-Isenbach · A Usingen — als Lehen.
Wappen: Heinrich von S. führte 1545 in seinem
Siegel drei aus den Schildes-cken steigende gewöhnlich
eines Ring im Schnabel haltende Tauben und auf dem
Helm zwischen zwei Hörnern eine stehende Jungfrau

Thorne (Taf. 76).

Ein dem Anscheine nach aus Sinzig am Rhein stammendes Geschlecht, das 1433 und 1482 unter den nassauischen Lehnsleuten zu Hünnighofen — A. Nastätten —
erscheint.
Wappen: Im Schild ein — nach gebriut verkom-
mender — Adler.
Helm: Adlerrumpf zwischen Flug.

Burg (Taf 76).

Stammen von Burg, einem Dorfs im Amt Herborn,
wo ihre Burg wahrscheinlich in einer Dorrbachschen Fehde
gebrochen wurde. Sie kommen von 1206 bis gegen Ende
des 14 Jahrh. vor.
Wappen: Die Siegel zeigen zwei über Kreuz ge-
legte kaum zu erkennende Figuren, vielleicht Streithöl-
ber, zwischen denen 1347 ein Stern erscheint

Register.

VI. 7.

13

391

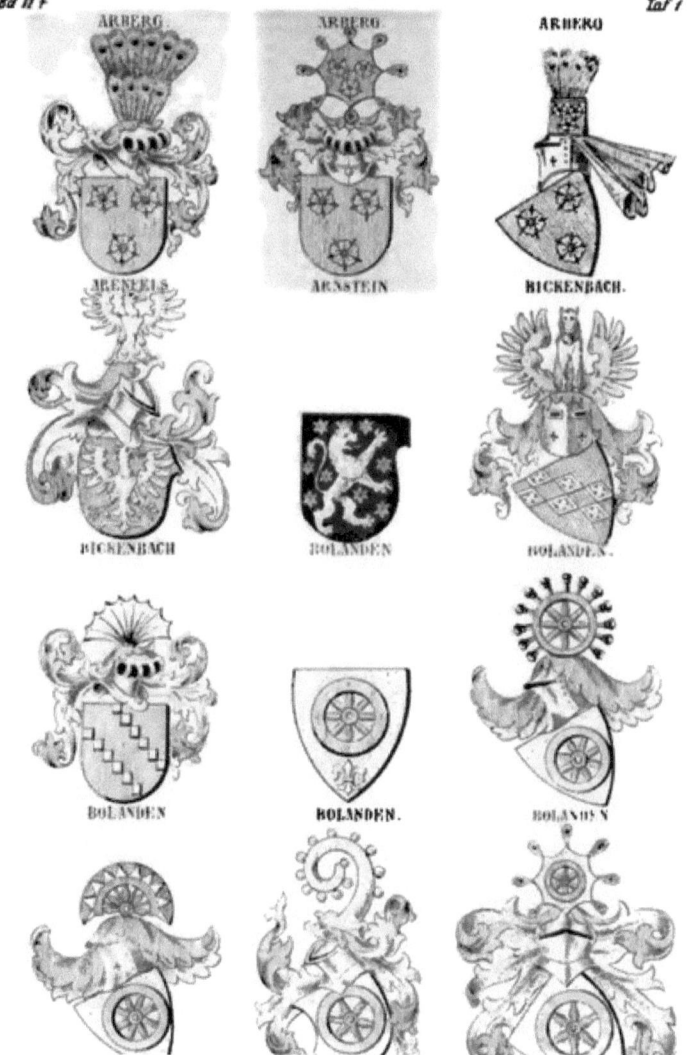

ARBERG. ARBERG. ARBERG

ARENFELS. ARNSTEIN. BICKENBACH.

BICKENBACH. BOLANDEN. BOLANDEN.

BOLANDEN. BOLANDEN. BOLANDEN

BRANDENBURG   BRANDENBURG.   BRANDENBURG

BRANDENBURG   BRANDENBURG

BRANDENBURG.   BRANDENBURG.   BRANDENBURG.

BRAUNSBERG   BRAUNSBERG.   BRAUNSBERG.

BRAUNSBERG   BRAUNSBERG   BRAUNSBERG

CATZENELNBOGEN   CATZENELNBOGEN   CATZENELNBOGEN

CATZENELNBOGEN.   COVERN   CRANSBERG

CRONBERG

CRONBERG

CRONBERG

CRONBERG

CRONBERG

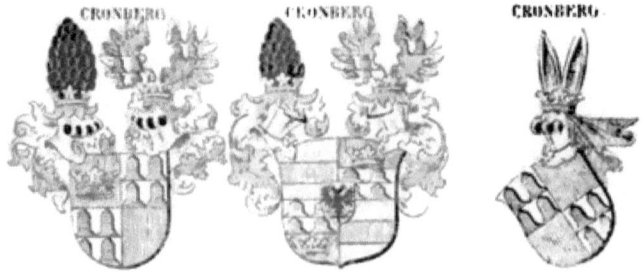

CRONBERG

CRONBERG

CRONBERG

DIETZ.   DIETZ.   DIETZ.

EBERSTEIN.   EBERSTEIN.   EBERSTEIN.

EPPSTEIN.   EPPSTEIN.   EPPSTEIN.

EPPSTEIN.   EYNENBURG.   EYNENBURG.

FALKENSTEIN.   FALKENSTEIN.   FALKENSTEIN

FALKENSTEIN.   FALKENSTEIN.   KREUZBURG

GREIFENSTEIN.   GREIFENSTEIN   GREIFENSTEIN

HELFENSTEIN   HELFENSTEIN   HELFENSTEIN

HELFENSTEIN.   HOCHSTADEN.   KEMPENICH.

KEMPENICH.   KEMPENICH.   KEMPENICH.

HOLZAPPEL.   HOLZAPPEL.

HOLZAPPEL.

JSENBURG.   JSENBURG   JSENBERG.

JSENBURG   JSENBURG   JSENBURG

JSENBURG   JSENBURG.   JSENBURG

JSENBURG   JSENBURG   JSENBURG

KIRCHBERG

KIRCHBERG

KIRCHBERG

KIRCHBERG

LICHTENSTEIN.   LICHTENSTEIN.   LIMBURG

LIMBURG   LIMBURG   MANDERSCHEID

MANDERSCHEID   LIMBURG   MANDERSCHEID

MANDERSCHEID

MANDERSCHEID

MERENBERG.

MERENBERG.

MERENBERG

MERENBERG.

MERENBERG

MERENBERG

MERENBERG

MOLSBERG

MOLSBERG

MUNZENBERG.

MUNZENBERG

NURING.

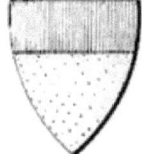

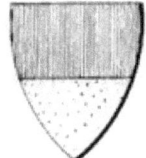

OSTEIN.   PIRMONT.   PIRMONT.

REICHENSTEIN.   REICHENSTEIN.   REICHENSTEIN.

REIFFENBERG   REIFFENBERG.   REIFFENBERG.

RHEINGRAFEN   RHEINGRAFEN   SAYN.

RINECK   RINECK   RINECK

SICKINGEN.   SICKINGEN.   SICKINGEN

VADINGEN.   VELEN

VELEN

SPONHEIM.

SPONHEIM

SPONHEIM

SPONHEIM

SPONHEIM

SPONHEIM

SPONHEIM

SPONHEIM

SPONHEIM.

SPONHEIM.

STOCKHEIM.

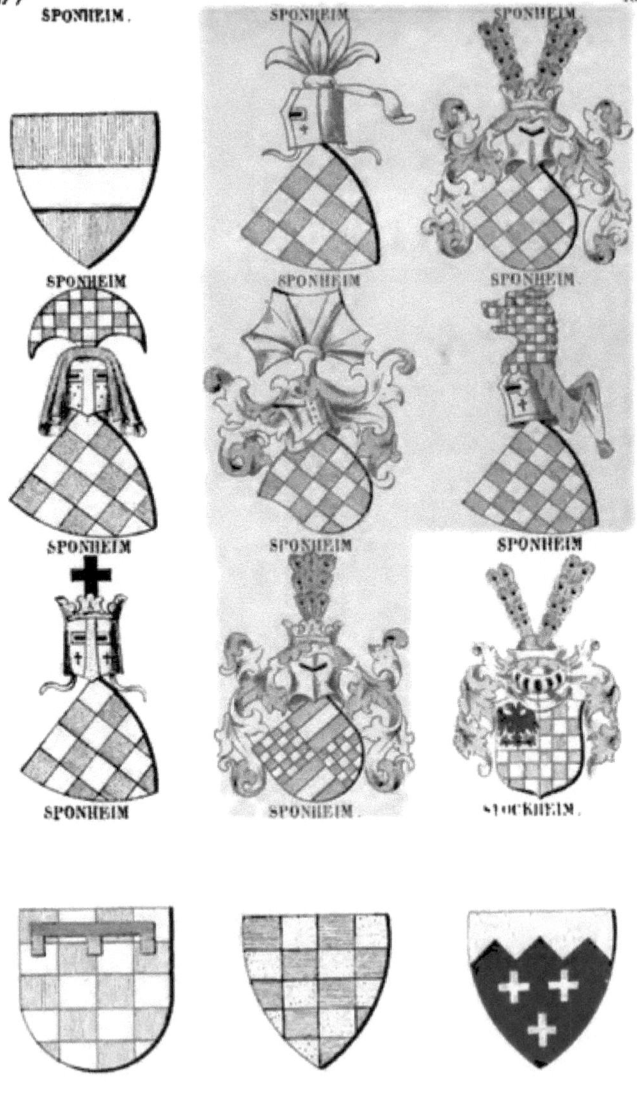

STOCKHEIM   STOCKHEIM   STOCKHEIM

STOCKHEIM   STOCKHEIM   STOCKHEIM

STOCKHEIM   STOCKHEIM   STOCKHEIM

STOCKHEIM   STOCKHEIM   STOCKHEIM

STOCKHEIM   VELDENZ.   VELDENZ

VELDENZ   VELDENZ   VIRNEBURG

VIRNEBURG   VIRNEBURG   VIRNEBURG

VIRNEBURG   WEILNAU.   ZIEGENHIMS

WIED 1   WIED I

WIED II.   WIED II.   WIED II

WIED II   WIED II

v AAE.   v AAE.   ACHENBACH

ACHENBACH   ACHENBACH   ALLENDORF.

AHR   AHR   AUWE

BACH   BECHEL   BECHTERMUNTZ.

BEDENDORF   BEILSTEIN.   BERGE.

BERGEN & KESSEL.   BERGEN & KESSEL.   BERNBACH.

BERNBACH.   BERNE.   BERNE.

BERNHOLD.   BERNKOT.   WERTHOLDSHAN.

BEYER v STERNBERG.   BEYER v STERNBERG   BIBURG.

BICKEN I   BICKEN I   BICKEN I

BICKEN II   BICKEN II   RIEBURG-WEILNAU

BIEGEN   BOMMERSHEIN.   BOPPARD

BEYER v BOPPARD   BEYER v BOPPARD   BEYER v BOPPARD

BEYER v BOPPARD   KOLB v BOPPARD   KOLB v BOPPARD

KOLB v BOPPARD   AN DEN PORTEN v BOPPARD.   UNTER DEN JUDEN v BOPPARD

PELZ v BOPPARD.   PELZ v BOPPARD.   v BOPPARD gen. STERNBERG.

BRAMBACH   BRAMBACH   BRAMBACH

BRAMBACH.   BRAMBACH   BRAUBACH

BRAUBACH   BRAUBACH   BRENDEL v HOHENBERG

BROIL.

BUBENHEIM.

BUBENHEIM.

BUBENHEIM.

BUBENHEIM.

BUBENHEIM.

BUBENHEIM.

BUBENHEIM.

BUBENHEIM.

BUCHENAU.

BUCHENAU.

BUCHER.

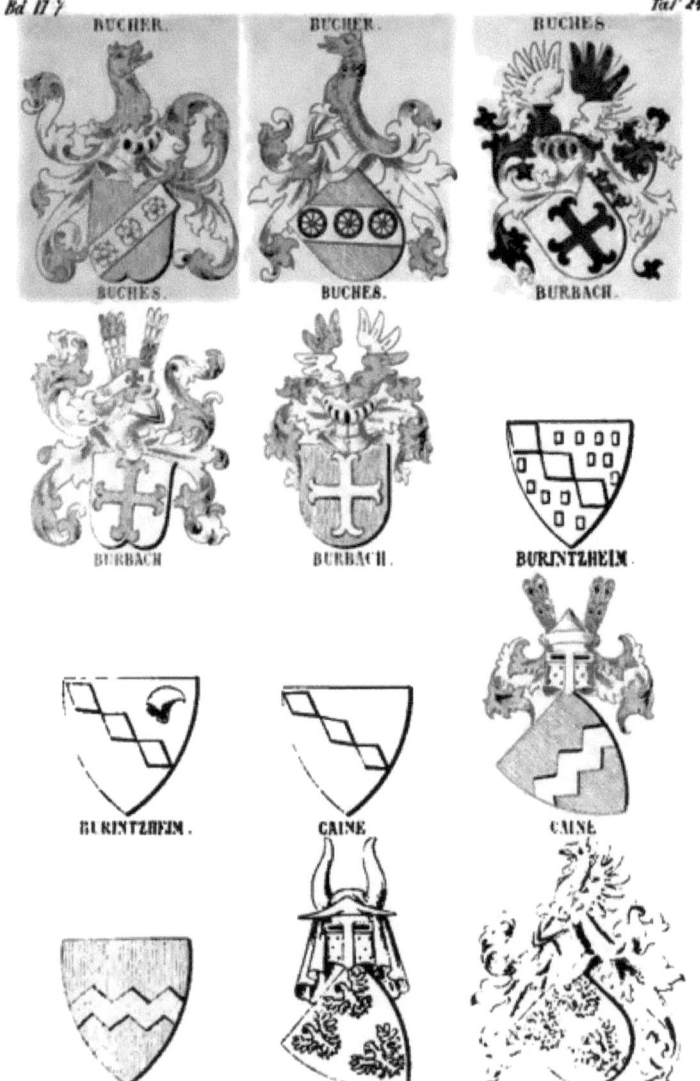

BUCHER.   BUCHER.   BUCHES

BUCHES.   BUCHES.   BURBACH.

BURBACH   BURBACH.   BURINTZHEIM.

BURINTZHEIM.   CAINE   CAINE.

CAMPE.   CATZENELNBOGEN.   CATZENELNBOGEN.

CATZENELNBOGEN.   KESSELHUT v. CATZENELNBOGEN.   KNEBEL v. CATZENELNBOGEN.

KNEBEL v. CATZENELNBOGEN.   KNEBEL v. CATZENELNBOGEN.   KNEBEL v. CATZENELNBOGEN.

KNEBEL v. CATZENELNBOGEN.   PINER v. CATZENELNBOGEN.   SURE v. CATZENELNBOGEN.

ABGESTORBENER NASSAUISCHER ADEL.

CABBEN

CLEBERG.

CLEBERG.

CLEBERG.

CLEBERG.

CLEEN.

CLEEN.

CLEEN.

CLEMM.

CLEMM.

CLETTENBERG.

CLETTENBERG.

COBERN.   COBERN   COBERSTEIN

CRAMPERG.   CRAMPERG   CRAMPERG

CRAMPERG   CRAMPERG   CROWESEL

CROWESEL   CRUFFTEL   CRUMBACH, STOCKHEIM

CRUMMENAU.   CRUMMENAU.   CRUMMENAU.

CRUMMENAU.   CUBI.   DALHEIM

DERNBACH.   DERNBACH.   DERNBACH.

DERNE.   DERNE   DERNE.

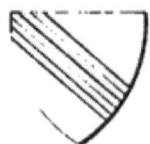

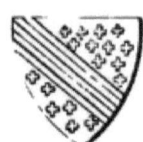

FREY v. DERN.   FREY v. DERN.   DERS.

DIENHEIM.   DIEPERG.   DIETZ

DIETZ.   DIETZ.   SPECHT v. DIETZ.

SPECHT v. DIETZ.   SPECHT v. WESTERDE   DREYSBACH.

ABGESTORBENER NASSAUISCHER ADEL.

DÖRING.

DORING.

DORING.

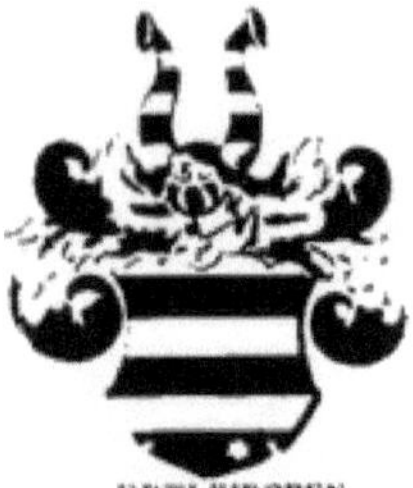

DOTZHEIN

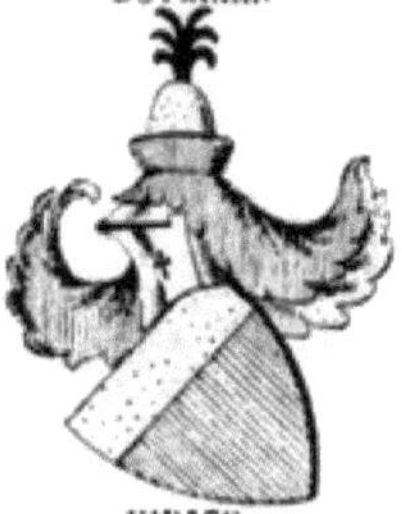

DOTZHEIM

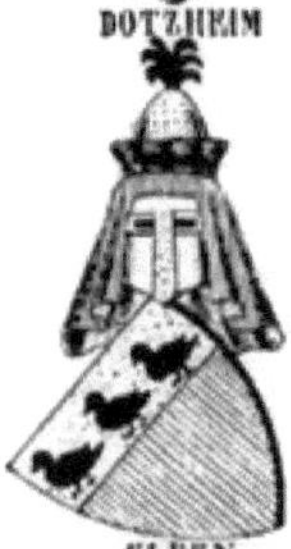

EDELKIRCHEN

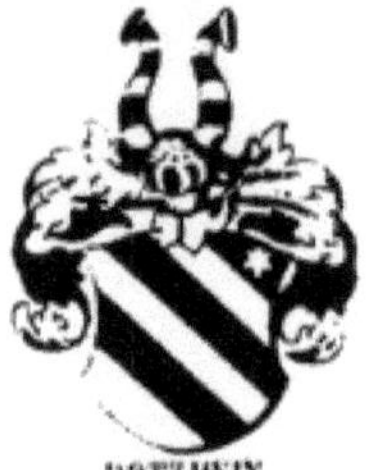

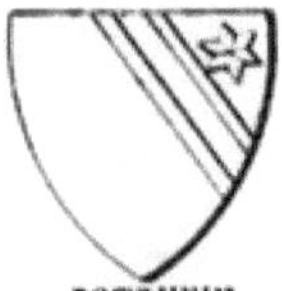

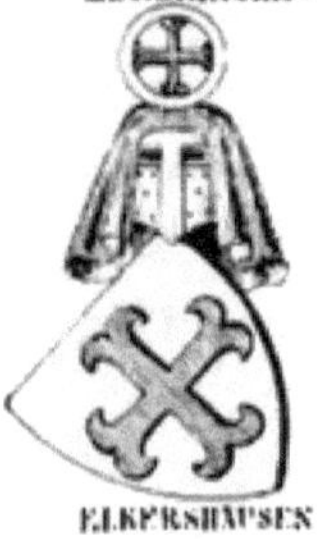

EIBACH.

ELBEN

ELKERSHAUSEN

ELKERSHAUSEN gen KLÜPPEL

ELKERSHAUSEN gen KLÜPPEL

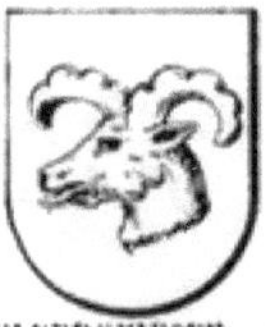

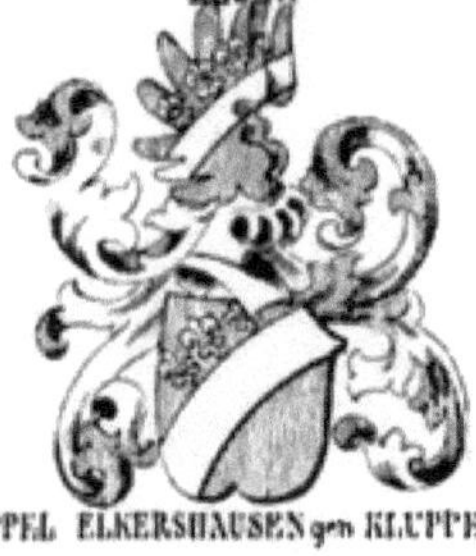

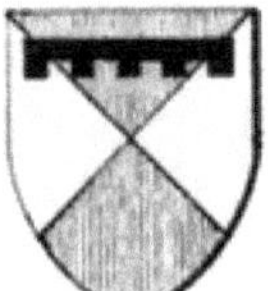

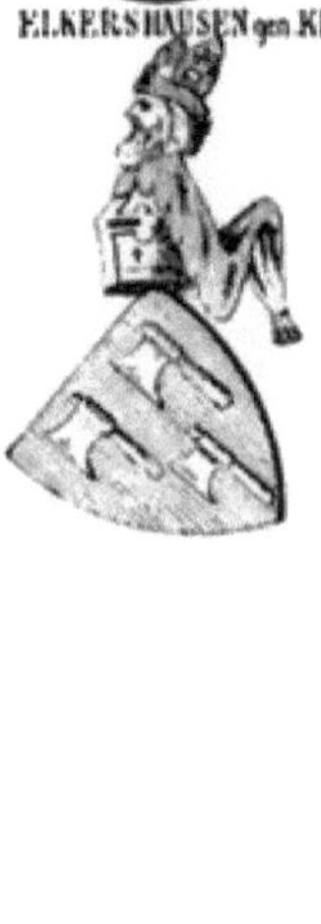

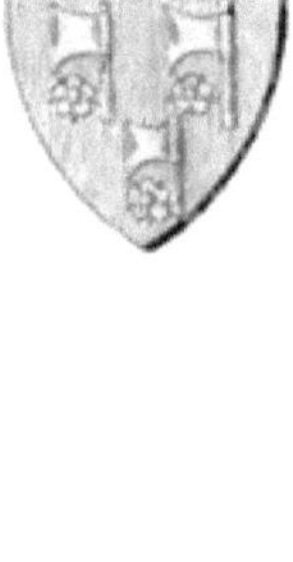

ELKERSHAUSEN gen KLÜPPEL

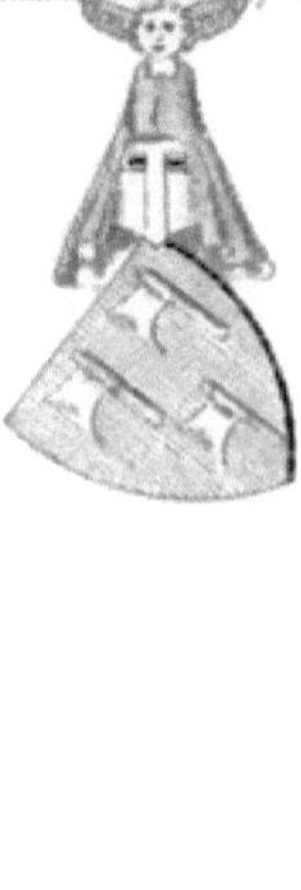

ELSAFFE.

ENGLANDER

ENGLANDER.

EPSTEIN.

ERLEBACH.

ERLEBACH.

ERLEBACH.

ERLEN.

ERLEN

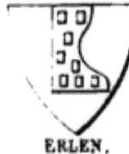

ERLEN.

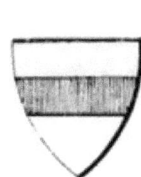

ERTHAL

ESCH.

FELSBERG.

FLACH v. SCHWARZENBERG.

FLACH v. SCHWARZENBERG.

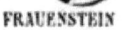

FLACH v. SCHWARZENBERG

FLEMMING

FRAUENSTEIN

FRAUENSTEIN

FRAUENSTEIN.

FRAUENSTEIN

FREYENDIETZ.   FRONDORF   FRUCHT

FÜRSTENBERG

GEBERZHAGEN

GEBERZHAGEN

GEBERZHAGEN

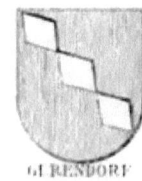

GERENDORF

GEROLDSTEIN

GEROLDSTEIN

GEROLDSTEIN

GEROLDSTEIN

GLEYSSLER

GLIMMENDAL.   GLIMMENDAL.   GLIMMENDAL.

GLIMMENDAL.   GLIMMENDAL.   GLIMMENDAL.

HEPPENHEFT.   HEPPENHEFT   HEPPENHEFT

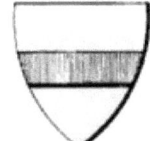

HEPPE v HEPPENHEFT.   HEPPE v RHEINBERG   GRANSS v RHEINBERG u v CAUB

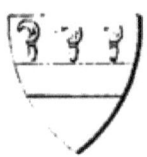

GREIFENKLAU.   GREIFENKLAU.   GREIFENKLAU.

GRENZAU.   GRENZAU.   SCHNEISS v. GRENZAU.

GRODIAN.   GRODIAN.   GROROD.

GUNTHEIM.   HALLER v. ESCH   HATTENHEIM.

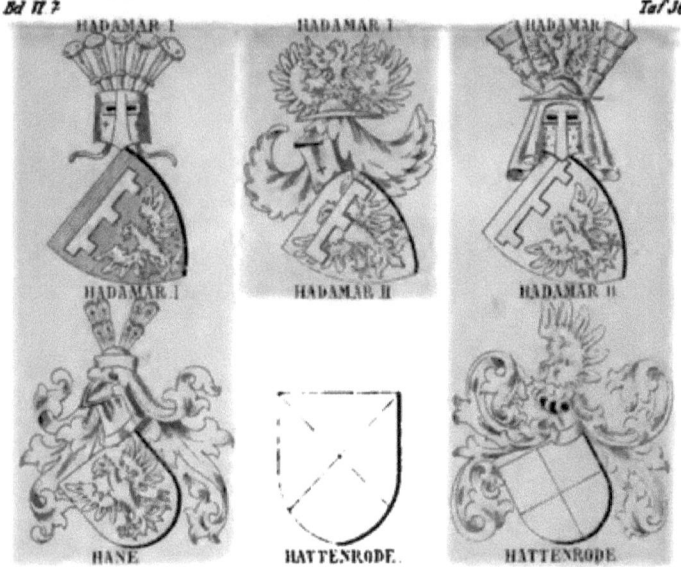

HADAMAR I.   HADAMAR I.   HADAMAR I.

HADAMAR I.   HADAMAR II.   HADAMAR II.

HANE   HATTENRODE.   HATTENRODE

HATTENRODE   HATTSTEIN   HATTSTEIN

HAUSEN

HAIGER

HAIGER

HAIGER

HELFENBERG

HELFENBERG.

HEPPENBERG

HERSCHBACH.

HERSCHBACH.

HERSCHBACH

HERSCHBACH.

HERSCHBACH

BERTRAM v HERSCHBACH.   BERTRAM v HERSCHBACH   HERSDORF

HERSDORF   HESE   HEUCHELHEIM

HEUCHELHEIM   HEUCHELHEIM   HEUCHELHEIM

HEYDE.   HEYDE.   HIRSCHHORN

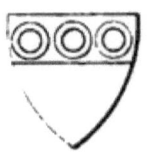

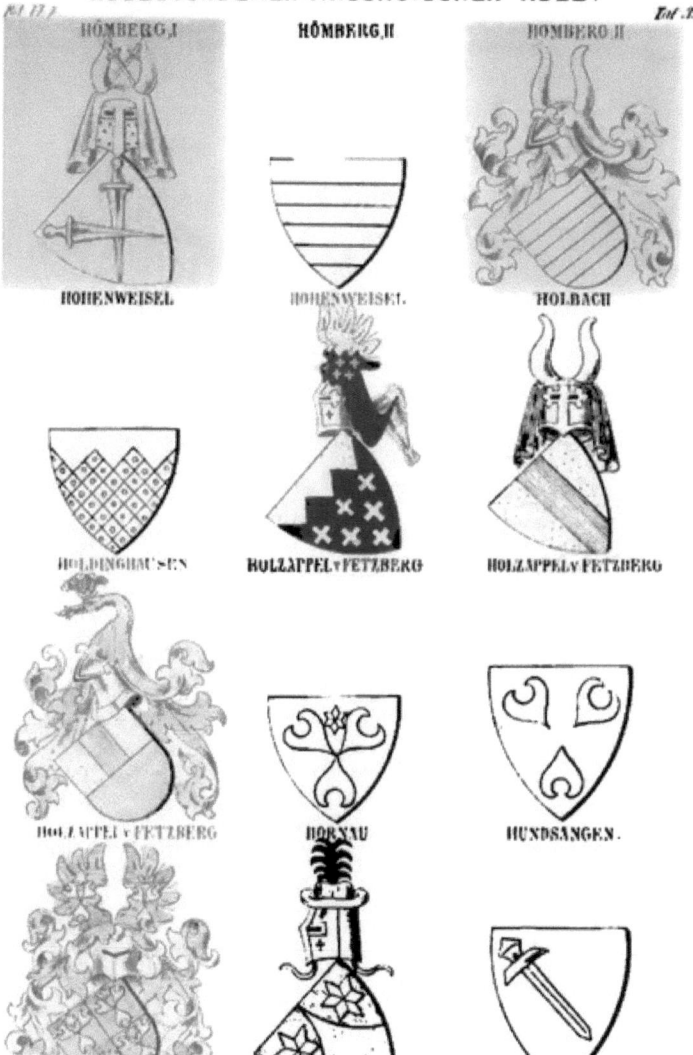

HÖMBERG,I   HÖMBERG,II   HÖMBERG,II

HOHENWEISEL   HOHENWEISEL.   HOLBACH

HOLDINGHAUSEN   HOLZAPPEL v. FETZBERG   HOLZAPPEL v. FETZBERG

HOLZAPPEL v. FETZBERG   HORNAU   HUNDSANGEN.

HOHENSTEIN   HOHENSTEIN   HOHENSTEIN

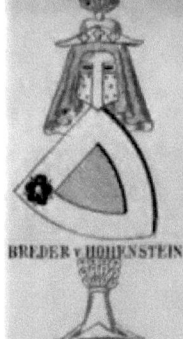

BERN v HOHENSTEIN   BREDER v HOHENSTEIN   BREDER v HOHENSTEIN

BREDER v HOHENSTEIN   BREDER v HOHENSTEIN   BREDER v HOHENSTEIN

BREDER v HOHENSTEIN   HUBE v HOHENSTEIN.   HUNDLINGEN.

HUN v. ELLARSHAUSEN.   HUNGRICHHAUSEN.   HUNGRICHHAUSEN.

HUNGRICHHAUSEN.   HUNSBACH.   HUNSBACH.

HUSEN.   IGSTATT gen. HATTSTEIN.   IMHOF.

IRMTRAUD   JUD v. ELTVILLE.   ZUM JUNGEN.

KALDENBORN   KALDENBORN   KALDENBORN

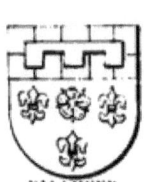

KALSMUND   KALSMUND.   KINDHAUSEN.

KIRDORF.   KIRDORF.   KLINGELBACH

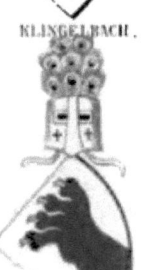
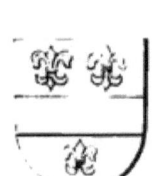

KLINGELBACH.   KONIGSTEIN.   KORNIGEL.

ABGESTORBENER NASSAUISCHER ADEL.

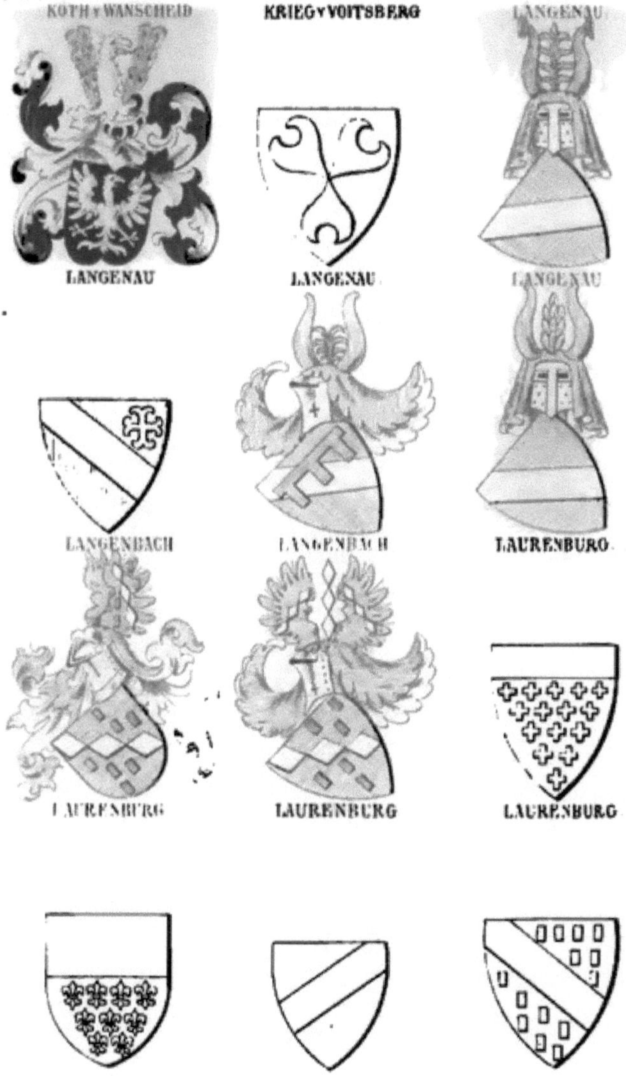
KOTH v WANSCHEID
KRIEG v VOITSBERG
LANGENAU
LANGENAU
LANGENAU
LANGENAU
LANGENBACH
LANGENBACH
LAURENBURG
LAURENBURG
LAURENBURG
LAURENBURG

LANSTEIN
LANSTEIN.
LANSTEIN

LANSTEIN
LANSTEIN
LANSTEIN

BRENNER v LANSTEIN
BRENNER v LANSTEIN
PLETZ v LANSTEIN

SCHILLING v LANSTEIN
BOWE v LANSTEIN
LONER v LAURENBURG

GEIMBACH   LERCH v BIRMSTEIN.   LERCH v BIRMSTEIN.

LESCH v MOLNHEIM.   LIEBENSTEIN   LIEBENSTEIN.

LIEBENSTEIN.   SCHENCK v LIEBENSTEIN.   SCHENCK v LIEBENSTEIN.

SENHEIM v LIEBENSTEIN.   SENHEIM v LIEBENSTEIN.   SENHEIM v LIEBENSTEIN.

LEYEN.   LEYEN.   LEYEN.

LEYEN

LEYEN

LEYEN.

LEYEN

LEYEN

LEYEN

LIMBURG

LIMBURG

LIMBURG

LOWENSTEIN   LOWENSTEIN.   LÖWENSTEIN

LÖWENSTEIN   LÖWENSTEIN   LÖWENSTEIN

LÖWENSTEIN   LÖWENSTEIN   LÖWENSTEIN

LÖWENSTEIN   vd LIPPE gen HUEN   vd LIPPE gen HUEN

LINDAU.   LINDAU.   LIMBACH

L.IMBACH   LIMBACH   LIMBACH

LIMBACH   LÜNEN.   LÜNEN

LORCH   LORCH   HERTWICH v LORCH

HERTWICH v LORCH

HERTWICH v LORCH

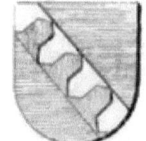

HERTWICH v LORCH

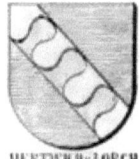

HERTWICH v LORCH

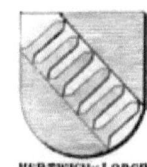

HERTWICH v LORCH

HILCHEN v LORCH

HILCHEN v LORCH

SCHETZEL v LORCH

BORNGASS v LORCH

LINDEN   LINDEN   LINDEN

MARIOTH.   MENGERSKIRCHEN   NERTLACH.

MEYNFELDER   MOLSBERG   MOLSBERG.

MIEHLEN.

MIEHLEN.

MIEHLEN.

MIEHLEN.

MIEHLEN.

MIEHLEN.

MIEHLEN.

MOLSARK.

MOLENARCK gen. SCHOLL.

MOLENARCK gen. SCHOLL.

MONREAL.

MONREAL.

v d NONE z. MONTABAUR.   v d NONE z MONTABAUR.   NEUER v MONTABAUR

SUESSEN v MONTABAUR   SUESSEN v MONTABAUR   MOSBACH v. LINDENFELS.

MUDEN   MULICH   NAU v DIETZ.

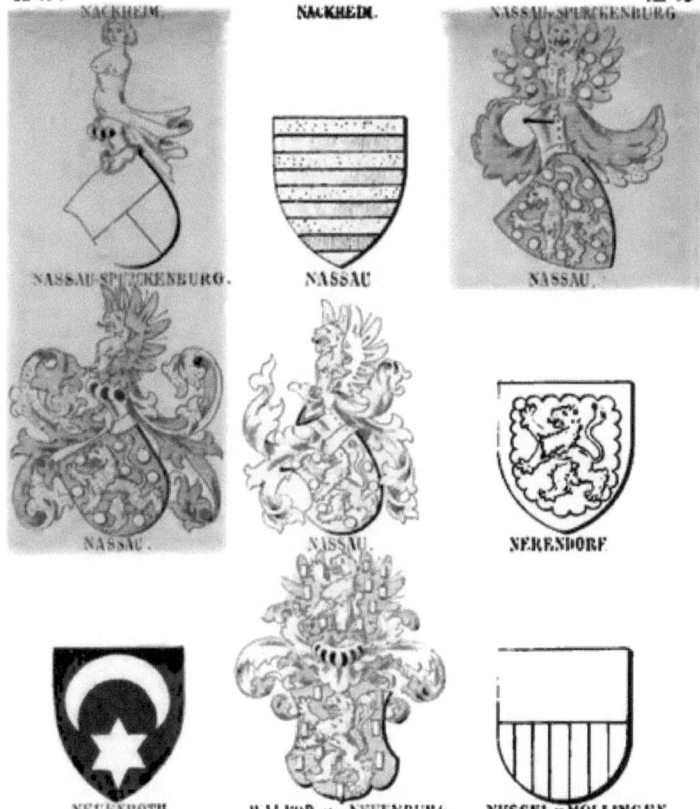

NACKHEIM.

NACKHEIM.

NASSAU-SPURKENBURG.

NASSAU-SPURKENBURG.

NASSAU

NASSAU.

NASSAU.

NASSAU.

NERENDORF

NEUENROTH

WALPOD v. NEUERBURG.

NUSSEL v. MOLLINGEN.

NEUMAGEN   NEUMAGEN   NUVENRODE.

   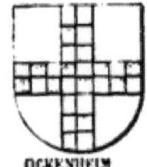

OBENTRAUB   OBENTRAUB   OCKENHEIM.

OCKENHEIM   OTTENSTEIN   OTTENSTEIN.

FRYHE v PAFFENAU.   PASSAVANT v PASSENBURG   PFAFFENDORF

PIESPORT.

QUADT·LANDSKRON.

QUADT·LANDSKRON.

QUADT·LANDSKRON.

RANDECK.

REDELNHEIM.

REBEN.

REICHENSTEIN.

REICHENSTEIN.

REICHENSTEIN.

REINBERG.

REINBERG.

RIEDESEL v. CAMBERG. RIEDT. RODE.

RODE. RODENHAUSEN. RODENSTEIN.

RODENSTEIN. RODENSTEIN. RODEL v. REIFFENBERG.

RÖDEL v. LEITZENBERG. RODHEIM. ROST v. DERNBACH.

ROSE.   ROSE.   ROIST v. WERS.

RUHSAMEN.   RUPACH.   RUPACH.

SASSENHAUSEN.   SASSENHAUSEN.   SASSENROD.

HURTH v. SAULHEIM.   SCHADE v. HOHENBERG.   SCHAFFRATH v. OPPELSHEIM.

RUDESHEIM   FUCHS v RUDESHEIM   FUCHS v RUDESHEIM.

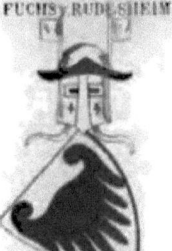
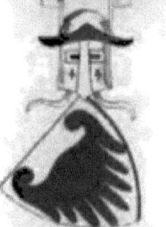

WINTER v RUDESHEIM.   KIND v RUDESHEIM.   DE FORO v RUDESHEIM.

DE FORO v RUDESHEIM.   BROMSER v RUDESHEIM.   BROMSER v RUDESHEIM.

DE DOMO v RUDESHEIM.   SCHAUENBURG.   SCHEIDE.

SCHARFENSTEIN.   SCHARFENSTEIN.   SCHARFENSTEIN.

SCHARFENSTEIN.   CRATZ v SCHARFENSTEIN.   CRATZ v SCHARFENSTEIN

GENNE v SCHARFENSTEIN   SCHEID gen WEISSPFENNIG   SCHEID gen WEISSPFENNIG

SCHELD   SCHEUERNSCHLOSS   SCHÖNBACH

ABGESTORBENER NASSAUISCHER ADEL.

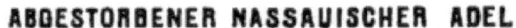

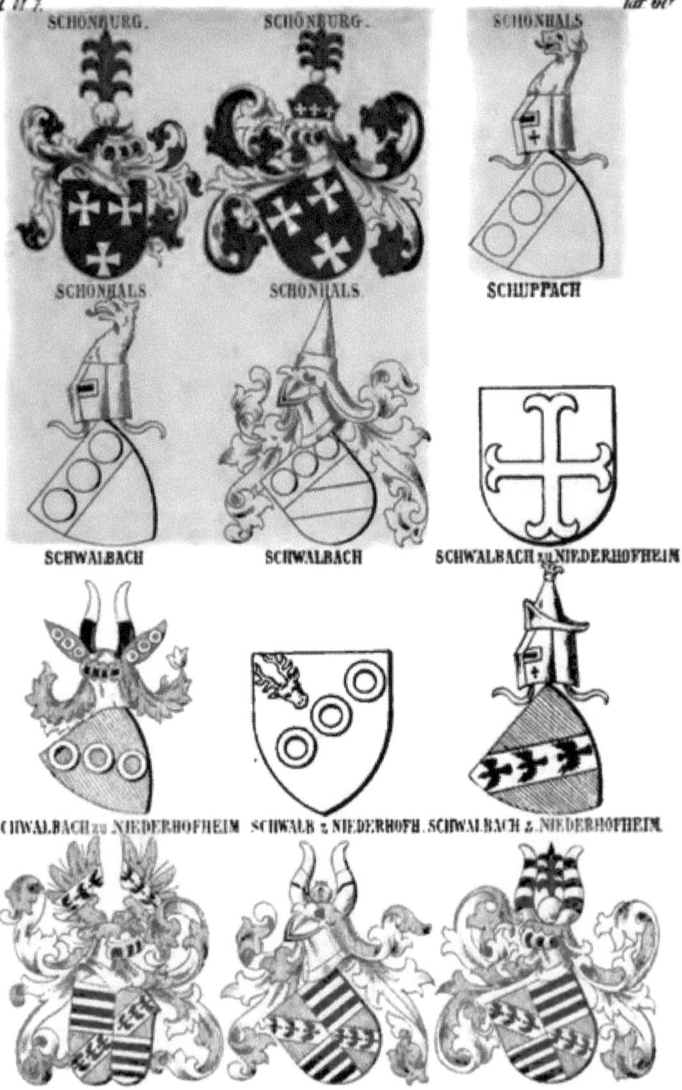
SCHÖNBURG.
SCHÖNBURG.
SCHONHALS
SCHONHALS
SCHONHALS.
SCHUPPACH
SCHWALBACH
SCHWALBACH
SCHWALBACH zu NIEDERHOFHEIM
SCHWALBACH zu NIEDERHOFHEIM
SCHWALB z. NIEDERHOFH.
SCHWALBACH z. NIEDERHOFHEIM.

SCHONECK   SCHONECK.   SCHÖNECK.

SCHÖNECK   SCHÖNECK.   SCHONECK.

SCHONECK.   SCHONECK   SCHWALBORN v. MONTABAUR.

SETZPFAND   SETZPFAND   SEYGERZHAUSEN

SELBACH-SELBACH.   SELBACH · SELBACH   SELBACH-SELBACH

SELBACH-SELBACH.   SELBACH · GRUTTORF.   SELBACH-TAUBE.

SELBACH TAUBE.   SELBACH · GILSBACH.   SELBACH · HOHENSELBACH.

SELBACH · HOHENSELBACH.   SELBACH · LOHE.   SELBACH · LOHE.

SELBACH QUENDFASSEL.

WOLFF v. SELBACH.

WOLFF v. SELBACH.

SELBACH-ZEPPENFELD.

SELBACH-ZEPPENFELD

SELBACH.

SELBACH.

SELBACH

SCHLEGER.

SORGENLOCH

SOTTENBACH

SOTTENBACH

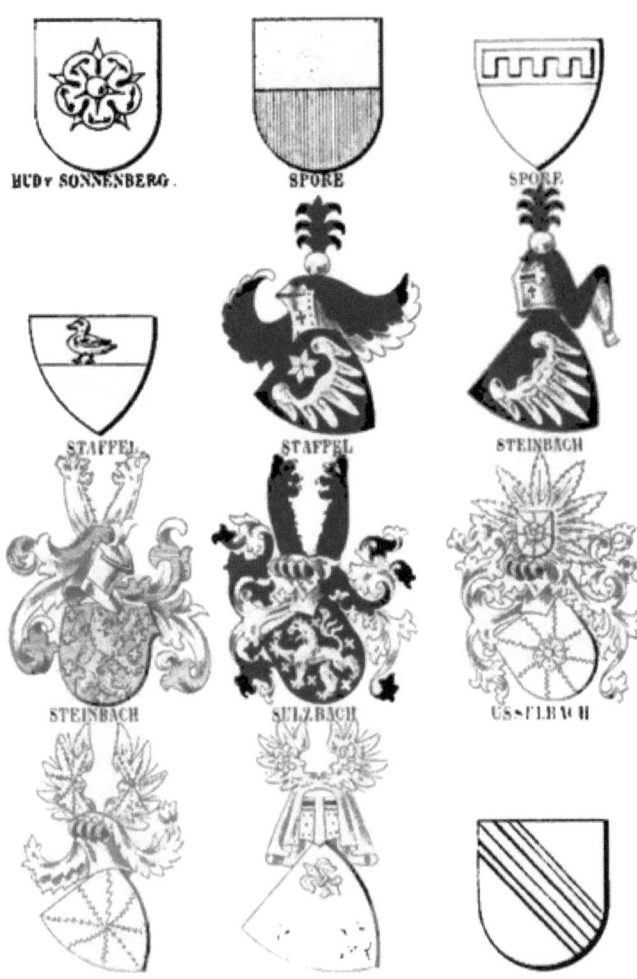

HUD v SONNENBERG.   SPORE   SPORE

STAFFEL   STAFFEL   STEINBACH

STEINBACH   SULZBACH   USSELBACH

STEIN   STEIN   STEIN

STEIN·KALLENFELS.   STEIN·KALLENFELS.   STEIN·KALLENFELS.

STEIN·KALLENFELS   STEIN·KALLENFELS   VERSEN

VILBEL.   VOGT v ELSPE.   VOGT v ELSPE.

MARSCHALL v WALDECK.   MARSCHALL v WALDECK.   MARSCHALL v WALDECK.

ROST v WALDECK.   SANECK v WALDECK.   YWAN v WALDECK.

YWAN v WALDECK.   YWAN v WALDECK.   WALDECK.

WALDECK.   FRUCHTE v WALDECK.   FRISCHENSTEIN v WALDECK.

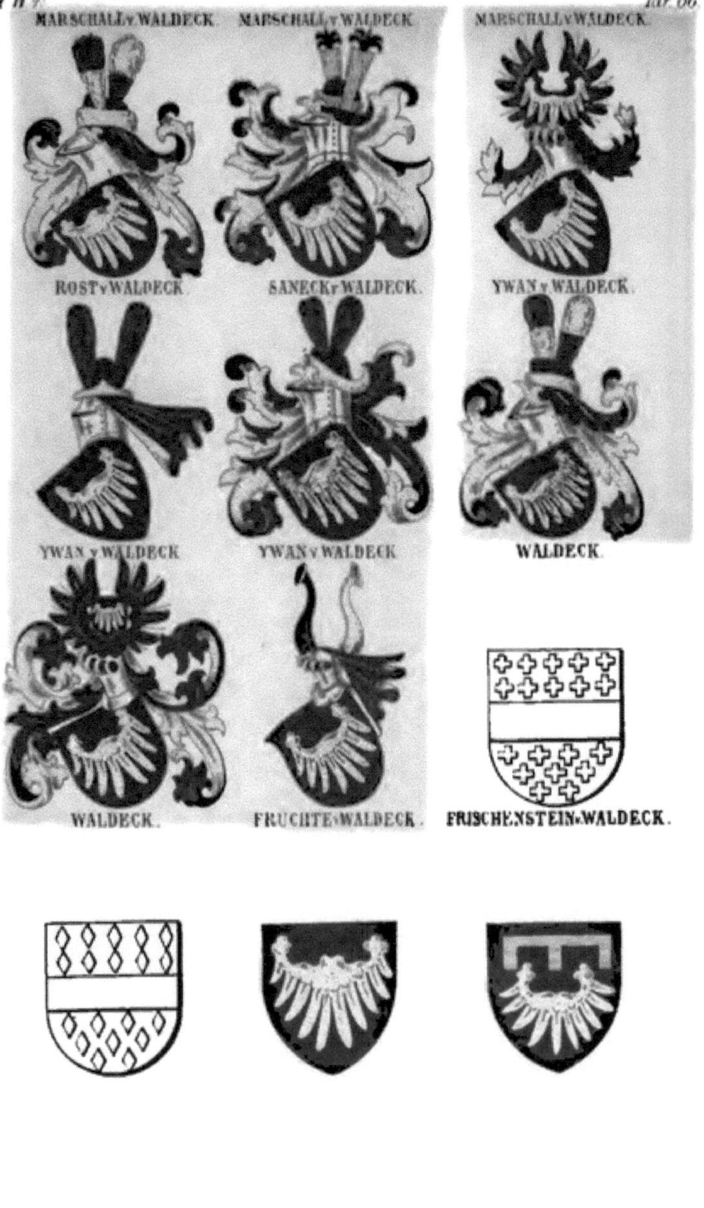

WALDECK, II   WALDECK II.   UEIDEN v WALDECK

STUMPF v WALDECK.   STUMPF v WALDECK.   STUMPF v WALDECK.

WACHENHEIM.   WAIS v FEUERBACH.   WALD.

WALD   MOHR v WALD   WALDECKER gen. KEMPT

WALDENBURG gen. SCHENKERN.　WALDENB. gen. SCHENKERN.　WALDMANNSHAUSEN.

WALDMANNSHAUSEN.　SPRIKAST v WALDMANNSHAUSEN.　SPRIKAST v WALDMANNSH.

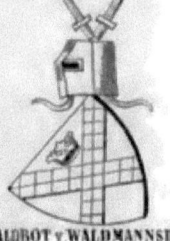

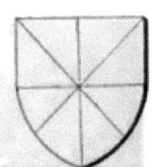
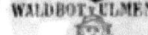

WALDBOT v. WALDMANNSHAUSEN　WALDBOT v. PFAFFENDORF.　WALDBOT v. ULMEN.

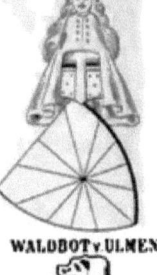

WALDBOT v ULMEN.　WALDBOT v. ULMEN.　WALDBOT v ULMEN.

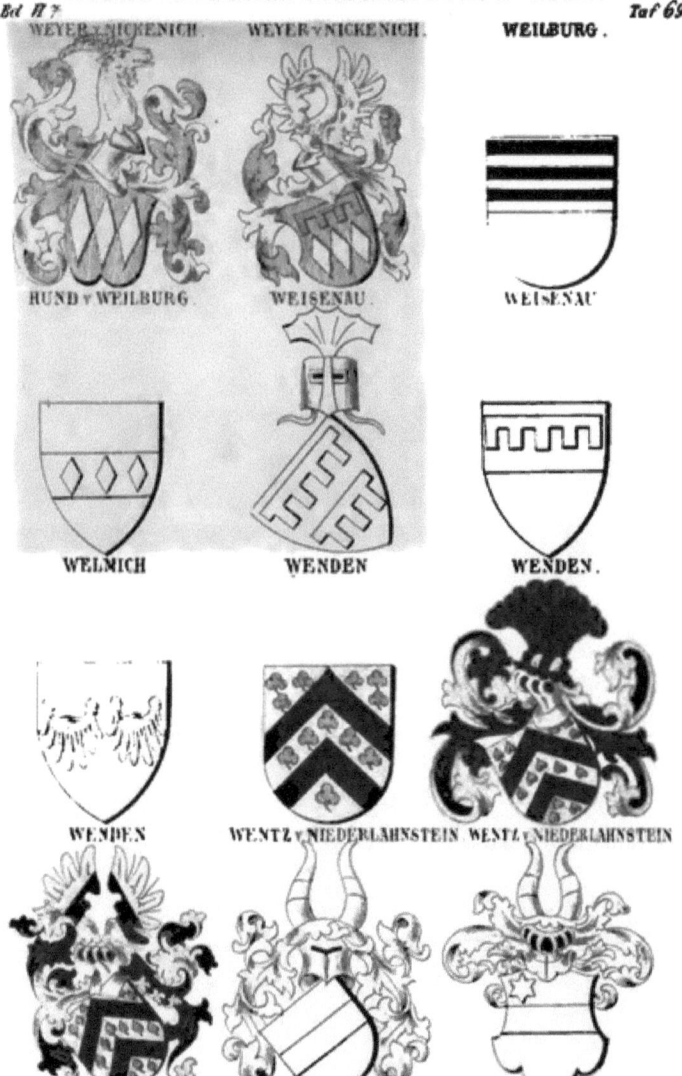

WEYER v NICKENICH.   WEYER v NICKENICH.   WEILBURG.

HUND v WEILBURG.   WEISENAU.   WEISENAU

WELMICH   WENDEN   WENDEN.

WENDEN   WENTZ v NIEDERLAHNSTEIN   WENTZ v NIEDERLAHNSTEIN

WERTORFF.

WERTORFF.

WIDERGIS

WIDERSTEIN

CRONBAUM v WILTBERG

WILER

WILER

WILLESSDORF.

WILLENSDORF.

WILLENSDORF

WILMERODE

WILMERODE

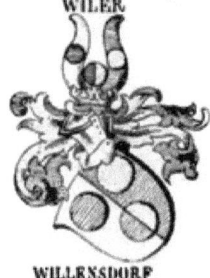

WIESBADEN.
WITZELNBACH.
WOLFSKEHL

WOLFSKEHL.

WONSHEIM

ALMESDORF

WOLFSKEHL

ARCKEN

BRABECK.

WOLFSKEHL

ARCKEN

BRABECK

BREITHARD. BRUCH. DELKENHEIM.

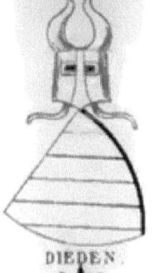

DELKENHEIM. DIEDEN. DORFELDEN.

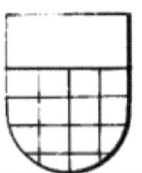

DORNBURG. DORNDORF EBERTSHAUSEN.

EBERTSHAUSEN. IDSTEIN IDSTEIN.

BARFUSS v. WINTERSHEIM.

GEISPITZHEIM.

GEISPITZHEIM.

ENGELSTADT.

STEGE.

DERSTORPH.

DIEFFENBACH.

LARHEIM.

LARHEIM.

DONNER v. LARHEIM.

ESCHENAU.

ESELWECK.

MOENCH.   HORCHHEIM.   HORCHHEIM.

HÜPFTERSHEIM.   HUND v. SAULHEIM.   BEUSSER v. INGELHEIM.

MUDERSBACH.   MUDERSBACH.   MUDERSBACH.

OFFHEIM.   PRAUMHEIM.   PRAUMHEIM.

PRAUNHEIM GEN. CLETTENBERG.

QUERNHEIM.

RINBERG.

SCHNELLENBERG.

VILMAR

VILMAR.

WEITERS

HOHENFELD.

HOHENFELD

FLECKENBÜHL

HEIMERSHAUSEN

IMHAUSEN

LANGELN.   RÜCKINGEN.   SELBLING.

THORNE   THORNE.   BURG

BURG.